南方传媒研究

NANFANG MEDIA RESEARCH

南方报业传媒集团 南方传媒学院 主编

方夷敏 一不小心就当了这么多年记者

这么多年来我一直留守记者这个职业，并不是因为我没有遭遇职业瓶颈和倦怠期，也并不是没有跳槽和转型的机会。而是每当遇到倦怠期时，总是有一个新的可能性摆在我面前，令我摆脱惯性惰性，找到新的灵感。或者说，我也在主动寻找这个新的可能性。

006

季天琴 我的2012

我不是个政治敏感的人，政治的藤蔓却爬满了我的生活。由于世事一点都不安稳，所以岁月对我而言一点也不静好，有时想想也不免满腹牢骚，但是来自陌生人源源不断的帮助，鼓励我走了下来。感谢那些冒着风险把真相递到我手中的人，让我不好意思辜负你们的信任。

150

曾 航 一位IT记者的2012：微博攻，微信守

我所打交道的采访对象，绝大多数是微博和微信的重度使用者，如何利用这两种社交工具革新自己的作业方式，是我在2012年做得最多的探索。报社开会，同事常常让我来分享如何使用社交工具改进自己的工作。但实际上，所有的经验可以被概况成两句话：“微博攻，微信守”。

208

南方日报出版社
NANFANG DAILY PRESS

图书在版编目（CIP）数据

南方传媒研究·第四十辑：年度记者（2012）/ 南方报业传媒集团 南方传媒学院主编．—广州：南方日报出版社，2013.2

ISBN 978-7-5491-0789-6

Ⅰ．①南… Ⅱ．①南… Ⅲ．① 传播媒介－中国－文集 ②记者－新闻工作－中国－文集 Ⅳ．① G219.2-53

中国版本图书馆 CIP 数据核字（2013）第 036125 号

南方传媒研究

第四十辑：年度记者（2012）

南方报业传媒集团 南方传媒学院 主编

出版发行 南方日报出版社
地 址 广州市广州大道中 289 号
电 话 （020）83000502
经 销 全国新华书店
印 刷 广州市怡升印刷有限公司
开 本 787mm×1092mm 1/16
印 张 13.75 彩插 1.125
字 数 260 千字
版 次 2013 年 2 月第 1 版
印 次 2013 年 2 月第 1 次印刷
定 价 28.00 元

投稿电话：020-83003364 83004106
网址：http://media.nfdaily.cn
发现印装质量问题，影响阅读，请与承印厂联系调换。

目录 Contents

NO.40

专题「南方报业2012年度记者」

006 方夷敏 一不小心就当了这么多年记者

018 王卫国 寻找职业平衡点

030 艾　波 十年

042 衣　鹏 好好学习

056 吴爱粧 还不是好记者

068 张由琼 热血青春在寂寞岁月中度过

082 张　燕 坚持着从菜鸟变老鸟

092 杨大正 看到黑点，还要看到白纸

106 陈　蕾 积攒琐碎的真实

116 陈新焱 我在南周5年

126 余维庆 一个文学青年的自我维修

138 李军奇 一个迷茫的"土皮"

150 季天琴 我的2012

162 易　旸 触摸农财报道的长宽高

176 姜晓明 好照片是个意外

186 郭　芳 影响有影响力的人

198 钱昊平 靠谱比敬业更重要

208 曾　航 一位IT记者的2012：微博攻，微信守

地　址　广州市广州大道中289号

电　话　020-83003364　87363753

传　真　020-83004106

邮政编码　510601

电子邮箱

nfcmyj@vip.163.com

nfcmyj@163.com

网　址　http://media.nfdaily.cn

http://www.nfmedia.com/cmzj/cmyj/

南方报业 2012 年度记者

按姓氏笔画排序

摄影：仇敏业、刘曲、高媛，部分照片由年度记者本人提供。

方夷敏

南方都市报

王卫国

南方都市报

艾波

云南信息报

衣鹏

21世纪经济报道

吴爱粧
理财周报

张由琼

南方日报

张燕

南都娱乐周刊

杨大正

南方日报

陈蕾

城市画报

陈新焱

南方周末

余维庆

风尚周报

李军奇

季天琴

南都周刊

易旸

南方农村报

姜晓明

南方人物周刊

郭芳

南方杂志

钱昊平

南方周末

曾航

21世纪经济报道

漫画 邝飚

跨界

KUAJIE

方夷敏

从 2002 年毕业到现在 11 年，其中前 8 年跑时政，2008 年换到娱乐部做电影记者。无论之前换部门，还是现在尝试做视频节目，抛开得失不说，至少它们都重新点燃过我的职业激情，让我看到这个职业新的可能性。好吧，我就是这样给自己打鸡血的。

个人简介

一不小心就当了这么多年记者

2012年度记者 入选理由

国内娱乐报道的五星上将，于重围中攫取独家是其绝活，故有去年章子怡风口浪尖时的一系列全国独家报道；亦能领军攻城略地，香港导演信任度调查等重磅专题，华语电影传媒奖颁奖礼鼎盛阵容，均可见其运筹帷幄的身影；更为南都全媒体开疆拓土，统筹策划南都星光大道系列全媒体报道，创全新报道模式，引发品牌轰动效应。制作“花港观娱”电视节目，率记者团队向全媒体转型，功绩卓著。

记者感言 1

坐在电脑前想写年度总结时，收到同事的微信，她问我："为什么别人都跳槽了，我们不跳槽？尤其是你，当那么多年记者不厌倦吗？" 我没有立刻回答她。类似的问题，这几年总是频频被问到：你为什么当这么多年记者？你为什么不转型？你为什么不跳槽？……我常常根据当时的心情随便编一个答案。因为我总觉得这个问题三言两语说不清，问问题的人也未必真在意答案。但在那时，我突然意识到，或许我自己也并没有认真想过为什么。从毕业到现在，我当了 11 年的记者，是真的因为热情，还是惯性？好吧，我决定跑一下题，就借这个机会聊聊"为什么我没有跳槽"吧。

跑几年就发现自己跑不动了……

从 2002 年毕业到现在 11 年，我一直在当记者，虽然中间换过一次单位，换过一次部门，但一直都在采编一线。说自己不累不厌倦肯定是自欺欺人。记得刚毕业没多久时，曾和一位前辈聊天，她说自己很想转型，因为"跑不动了"。我当时很不知天高地厚地问："为什么一定要转型？难道不能一直当记者吗？"（现在轮到我也被问同样的问题了，真是风水轮流转啊）。但在那个阶段，我确实很难体会这种"跑不动"的感受，那时的我状态勇猛，每天熬夜写稿晚睡早起不在话下，N 次在报社通宵赶稿……跑不动？怎么可能！

相对于很多职业，记者这个职业充满了挑战性，充满可能性。这种特点一旦和年轻的身体产生化学反应，就很容易火花四射。忘了具体哪一年，我和其他报社的同行们在高考考场外蹲点采访。我当时跑的是高教线，高考前后也是教育线记者们最累的时间，早上六七点起来守考场直到当天全部考完，然后回报社写稿到深夜十一二点。那天一大早，我正兴致勃勃和大家讲这几天采访的趣事，一位外报的前辈突然问我："为什么你每次来采访都像要去逛街一样兴奋。" 大家爆笑。当时我觉得他在损我（事实可能也是，哼），所以回了他一句：带着逛街的心态工作，不是很好吗！现在回想起来，那时的状态就像打了鸡血，不是因为心态好，而是年轻体力好，好奇心重。所以很多人在初入行几年表现得干劲十足，但几年后，要么跳槽，要么就转型做管理或做编辑。因为，记者真的是一个对体力要求太高的职业，经过开始几年的消耗和透支后，很容易就开始力不从心了。

作为一个常年体重保持在 80 斤上下的女记者，论体力显然不如很多人。但我能承受的工作强度却不输别人。无论是以前跑“两会”还是后来跑电影节，我都可以连续十几天只睡三四个小时，白天还神采奕奕。前年台湾电影金马奖，我和年轻同事一起去，颁奖结束后又到庆功酒会做获奖者采访，一直采到半夜三点半，回酒店写完稿后我打电话到同事房间想商量第二天的采访。电话一直没人接，后来她告诉我，她实在太困睡着了。我大笑：“你体力也太差了。”弄得她十分无语。后来她和我讨论，为什么我比她年纪大很多体力却比她好。我说，可能是以前跑“两会”时锻炼出来的吧。我后来明白了，我并不是真的体力很好，而是已经习惯了这样透支自己的体力。在每个大的采访前，我都不自觉地给自己打上一剂鸡血。这样做的代价就是，很快就会体会到，什么叫做“跑不动”！

这么多年来我一直留守记者这个职业，并不是因为我没有遭遇职业瓶颈和倦怠期，也并不是没有跳槽和转型的机会。而是每当遇到倦怠期时，总是有一个新的可能性摆在我面前，令我摆脱惯性惰性，找到新的灵感。或者说，我也在主动寻找这个新的可能性。

但我还是没有转型……

是的，但我还是没有转型。虽然我现在一听到电影节就头皮发麻，一有重要采访就会在头天晚上失眠，一看到飞机就腿疼。几次因为压力过大失眠或被自己的身体狠狠报复时，我都告诉自己：我一定不要再当记者了！但就像你们看到的，我到今天还在吭哧吭哧地继续码着字，分享自己为什么这么多年了还在当记者的心得。(此处应有长叹息！)

第一次觉得我再也跑不动时，是我跑了 8 年时政后。时政线长期的高压作业以及每年“两会”的新闻竞争让我产生很强的倦怠感，决心换一个部门。经过长达两年艰难的争取，2008 年，我换到了娱乐部，做电影记者。

没想到，娱乐部的工作强度比时政只有更大，因为娱乐的竞争对象是全国各类媒体，且这份工作要求频繁出差，对体力的要求也更高。作为一位老记者，同时也是这个领域的新人，我花了快一年的时间才适应这种工作强度。当时我的MSN签名是：一夜回到解放前。从广州新闻换到娱乐部的当年，我策划的BRT系列报道得了南都新闻奖社区服务奖的第一名，跑各种两会的成绩也得到领导的认可。如果留在时政，至少可进可退。但我还是坚持换了部门。很多人不解。一个我曾经带过的比我小好几岁的实习生找我吃饭，他说自己缺乏激情、害怕变动，目前的工作即使无趣却也习惯了。他问我："师父，为什么你能下决心变动呢？"我知道他的言外之意，在他看来，我当时的变动带来的是更忙碌的工作，更奔波的生活、更缺乏的认同感。这个选择

代表作品 2

作品名称：《大魔术师》南都一小时

刊载媒体：南方都市报

发表时间：2012年1月12日

作品影响："《大魔术师》南都一小时"这一专题是娱乐部、视觉中心在多媒体报道中进行的一次较为成功的尝试。结合视频报道的特性，摆脱传统娱乐报道的模式。该报道在网络上和业内引起的轰动远超预期，导致很长一段时间其他媒体和读者追问南都究竟花了多少钱请明星，而实际上这些大牌明星都是"零片酬"为南都做了一次品牌营销。因为此次活动引起的轰动，我们也借机推出了南都"星光大道"的全媒体节目，刘德华、叶德娴、古天乐、郑秀文、孙红雷等都纷纷走上南都"星光大道"，客串主持人、报童等。

怎么看都非常不理性。我承认自己也曾经这么想过。但我告诉他："因为我觉得只有脱离自己舒服的区域，我们的感受力和理解力才会提升至更深的层次。"这句话听起来有点装13，但的确是我的真心话。更重要的是，相对于时政，电影和文化是我喜欢的领域，一个人在做自己喜欢做的工作时，真的很幸福！

到娱乐部没多久，和我一起跑线的同事就跳槽到网站做管理了。她是电影线的主力，她走了以后，只剩下刚进入这个领域没多久的我。那两年又正是国内电影市场飞速发展的两年，在新人没到位前，我一个人要跑电影线所有的活，还遇到了一个陈凯歌的《赵氏孤儿》、姜文的《让子弹飞》和冯小刚的《非诚勿扰2》火拼的贺岁档。南都娱乐部是一个很有追求的部门，我们的要求不是做到采访，而是所有的电影我们都必须做到全国第一个独家专访。可想而知，这对一个新人来说是多大压力。中间争取和辛苦过程不赘述，结果是包括葛优、姜文、陈凯歌等人的全部独家专访我们都做到了。犯贱地说，这样一轮恶战下来，我竟然有前所未有的成就感。我知道自己又挑战了一次自我的极限。

但蜜月期总会过去。第二次觉得跑不动是在2010年贺岁档后。2011年贺岁档，新人已经到位，电影线同时有四个人跑，但我却因为此前的消耗过度而再也无法像之前那样激情四射了。这一点别人也许看不出来，但我自己心里很清楚。当时我想，我真的应该转型做编辑了。

可我还是没有转型。当时报社决定以娱乐部为试点做全媒体节目，南都音视频部负责人梁音和刘可找到我，希望我做一档娱乐访谈节目。我的第一反应是拒绝。我心想，都已经这么累了，难道还要让自己更累吗？后来，在看完他们的"两会"视频直播节目后，我决定试一试。但我并不想做访谈节目主持人，而是希望能做娱乐视频节目的策划人。那年的春节假期，我没有休假，所有的时间都用来看各种视频节目，寻找报纸做视频娱乐节目的切入点。复工后，我交给了他们一份包括了6个子栏目的视频娱乐节目方案。幸运的是，他们都鼓励我尝试，并在征求领导意见后，成全了我的"异想天开"。2011年3月，我们在人力物力紧缺的情况下，开始录制娱乐视频节目"花港观娱"，过了半年，毒家试片、娱乐粥记和当红一击三档较为成熟的节目被电视台看中，开始在珠江电影频道播放，也在业内引起了较大反响。做了视频节目后，我在采写报道时的思路也和纯粹做纸媒时有了很大不同，受视频这个载体的启发，我后来又策划了南都"星光大道"系列。2012年1月底，我们邀请梁朝伟、周迅、尔冬升等明星到报社客串记者编辑，视频、摄影全程跟拍，报纸采写报道，微博直播，多媒体互动报道。这个活动后来在报社内外和娱乐圈都引起了很大的轰动。把一堆明星忽悠到报社，且要负责协调各个环节的工作，那次的活动真是做到心力交瘁。我现在还记得当报社一堆同事堵在电梯口要看梁朝伟和周迅时，尔冬升在小房间冲我发脾气，质问为什么安全工作没做好，我强忍着眼泪跑到外面，对着围观的同事们大喊："你们能不能不要像粉丝一样"，同事们大声回答我："可我们就是粉丝啊！"听完后我眼泪不争气就往下流。然后赶紧擦干，回到现场继续做活动。累归累，后来我们还是连续做了好几次这样的活动，效果都不错，对于策划和控制场面也越来越有经验……看出来了吧，我又找到了一个新的兴奋点。这个兴奋点的代价是：除了原先的电影线采写工作，还要做"花港观娱"的制片人，每周开数个会和主持人风暴台本，白天写稿半夜审片改片、策划并执行活动。从 2011 年到 2012 年开始做视频节目后，因为通宵审片改片，我的失眠也变得越来越严重……

扯远了。其实我想说的是，这么多年来我一直留守记者这个职业，并不是因为我没有遭遇职业瓶颈和倦怠期，也并不是没有跳槽和转型的机会。而是每当遇到倦怠期时，总是有一个新的可能性摆在我面前，令我摆脱惯性惰性，找到新的灵感。或者说，我也在主动寻找这个新的可能性。无论是之前换部门，还是后来尝试做视频节目，抛开得失不说，至少它们都重新点燃过我的职业激情，让我看到这个职业新的可能性。好吧，我又在给自己打鸡血了。

11 年真的很长吗？

写了这么长，本应该结尾了。但我还想讨论一个问题，11 年真的很长吗？在别的职业或者别的领域，11 年工龄的人会不会面临像记者这样的尴尬？为什么国外的记者就可以一直做到老而我们却不能？为什么每当我被问到"为什么还在当记者"时会不知如何作答？这些问题都不是这篇"个人总结"能回答得了的。

我最近在看一本书，书名叫《留住手艺》，作者盐野米松采访了 14 位日本传统手艺人，这些手艺人终其一生专注于某一门手艺，最终把手艺做成了艺术。我还想起同事阿媚刚刚告诉我的一件趣事，她在北京一家小的日料店吃饭，饭店老板也是主厨，他只做寿司，不做其他菜，也不扩大规模。问他原因时，他一边切鱼生一边用电影《一代宗师》的一句台词作答。他说：念念不忘，必有回响。我很敬佩这样的人。外部世界我们也许改变不了，至少我们可以听从自己的心。

当然，我这样写，并不是说我永远都会当记者。如果有一天，当我问自己，你是不是还喜欢记者这份工作时，答案为否定时，我一定会坚决跳槽。

（作者系南方都市报记者）

围观
夷敏
3

我有一个同事

刘奕伶

我有一个同事，是一枚好看的娱记。

平时最喜欢逛街买东西，永远都要把自己收拾得美美的；自己去旅游，留下经典名句是“这个地方连 SKII 都没有，我想我们不会来第二次”。

搁她在台北街头，就是一位娇小版的林志玲，时髦又漂亮，好看又洋气；放她在广州大道中 289 号大院，她就得化身蝙蝠侠里的猫女郎，无论穿得多光鲜，踩着多尖细的高跟鞋，都得随时处于备战状态，两部手提轮流从包里拿出，接受各种采访电话、微信、短信轮番轰炸，然后，蹬蹬蹬健步如飞……赶着去打车采访，赶着去开各种会，以及……随时准备着在路上写稿。

我所知道去年发生在她身上最著名的一件事情是：2012 年 9 月 29 日晚，章子怡“被禁出境接受调查”的传闻再次被翻出来热炒传播，章子怡全国接受南方都市报独家专访，详尽地表达了自己对此事的态度。第二天，我们出了 5 个版的稿子。

这组稿子，就是光鲜亮丽的她，灰头土脸地抱着电脑在广九直通车车站里，像个民工一般敲打出来的——嗯嗯嗯，前辈们说过，新闻在路上，那一天晚上她刚从深圳采访完回来，遇上国庆假期，又要赶着写稿。本来打算在火车上写，结果没买到票，车站里连地上都坐满了人，她只好站着写，把电脑搁在别人的椅背上，一字一字敲打出来的。

所以你看，前辈们的话总是对的，而再时髦洋气的林志玲，一日新闻民工，终身新闻民工。

虽然是好友兼同事，但过去一整年，很难和她见上一面——她总是很忙，忙着去出差，忙着联系采访，忙着去采访，忙着去当“花港观娱”的制片人。

偶尔一起外出度个年假，人人回到旅馆里刷微博，往微信朋友圈里发美图，她在我身边忙着回微信短信电话，应付各种奇怪的采访要求、应酬

> @**崔斯坦V**：专业技能超强的记者时常有，但像方夷敏这样不仅专业突出，而且还能把她的所学所长毫无保留地与他者分享的并不常有。以我个人为例，08年跟她实习前几乎对新闻一无所知，经其半年耐心指点，09年由门外汉正式变身职业报人。而在我有限的了解范围内，至少还有其他五位同学也在跟她实习之后留在了传媒行业。在“后生可畏”的世道里，这一点实在难能可贵。

线上各路神仙——平时不这般时时刻刻经营，关键时刻哪里能有人随便肯相信你，将各种独家托付与你?

等应付完一轮留言，她才慢悠悠地发自己的图，然后感叹说:“怎么办，你们都发了啊……”

有时她也抓狂，为了一个策划微信上开会开到两三点，或是和各种人应酬到深夜，原本就有严重失眠的她，就更加睡不着，只能睁大眼睛看窗外晨光弥漫——生活如此充实饱满，一天24小时中有20个小时都在工作状态，神马都是浮云。

于是常常从微博上看到她出差路上的各种离奇遭遇：去年10月时为了改掉乱丢东西的毛病，她特意买了个手机包把两个手机收纳起来，结果在去往香港的直通车上丢了手机包，两个手机一起丢了；12月时，把iPad塞在了从泰国飞回广州的飞机座背上忘记拿下……

亲爱的姑娘啊，睡眠不足记忆衰退，光凭意志力支撑的人生就像藤编的水桶，总有一些东西要哗啦啦地漏走。

所以一转头，可以看到她的好友甚至在微博上庆幸，“作为爱你的人，对你把两个手机都丢了，我深感欣慰。起码在香港的这两天，你可以安心睡觉，自在玩，不再焦虑在滴滴答答滴滴答答的电话、短信、微信中……”

然而，作为“史上人品最好的记者”，她这般反复丢东西，东西居然都找回来了（其实找不回来也得破费再买回来）——于是，生活得继续，工作得继续，焦虑得继续，失眠得继续。

她那些离奇的人品故事也在继续：去一次戛纳电影节采访，忙得无暇吃法国大餐，于是用旅馆的自来水泡面，吃了一个星期才发现自来水是未经处理的咸海水，最悲催的是还在路上被人抢劫打晕，这事成了一个业界经典事迹，还被微博女王姚晨编成了段子；去一趟威尼斯电影节，在那里做的采访多到爆，“所以我连威尼斯长什么样都没看清楚”，除了电影节期间见报的那么多稿外，回来还陆陆续续发了两个月……

所以你明白了么？我的这位同事，做娱记能够做成报社首席，年年都有独家猛稿，前不见古人，后尚不见来者，绝不是因为她年轻貌美体力好，最重要的是——量大、质好、肯付出。

尤其是，不是所有人都如她这般，能够同时拥有林志玲的外表，和新闻民工的强大灵魂。

（作者系南方都市报记者）

江艺平点评

做时政记者，她努力做到极致。做娱乐记者，她同样做到极致。极致之后，还能极致乎？方夷敏证明了，一个人的潜能可以有多么强。她不惮于跨界，一而再，再而三，从报纸，到电视，遂一试高低。她是天生做记者的人。热爱在哪里，幸福就在哪里。

挑战

TIAOZHAN

王卫国

个人简介

单位：南方都市报北京新闻中心。出生年份：1982 年。毕业院校：南开大学。新闻从业时间：2005 年。偶像：乔布斯。爱好：摄影。

寻找职业平衡点

2012年度记者 入选理由

低调沉稳、勤恳严谨，走在潮流和技术的前端，连市府通讯员都偷偷模仿他的衣着风格，好多记者搞不定的女处长，他一出马就能沟通顺畅。这就是王卫国。他曾在微博转帖：“你现在的付出，都会是一种沉淀，它们会默默铺路，只为让你成为更好的人。”过去一年，王卫国厚积薄发，佳作连篇。

记者
感言
1

一

2005 年一个寒冷冬天的清晨，天还没有亮，我从南开大学的宿舍楼出发赶往天津火车站。这一天对于我来说非常重要，在北京城西的友谊宾馆，南方报业的一场校园招聘面试将在当天上午举行。

时至今日，7 年前那次竞聘的每一个细节、每一道程序都让我记忆犹新。我非常幸运地得到了自己一直向往的工作机会，并且开启了命运中一段非常特别的“南方”之旅。

我非常清醒地意识到，我的第一份工作也就是我现在从事的这份工作，是我内心的向往和理想的寄托。在这个实用主义大行其道的年代里，“理想”二字甚至会被认为是一种不切实际的空谈，或者是一场执迷不悟的等待。

但我不这么认为，我认为理想是一种气质，一种生活态度，可以赋予自我与这个世界真诚相处的勇气与信念。这么多年来，这份感觉让我在面对工作蹒跚起步的挫折时，面对采访四处碰壁的窘境时，依然能够保持对这份职业的尊重和感恩。

很多朋友都知道我在网上喜欢用“丁丁”或“王丁丁”这个网名，这的确源于我在很小的时候看到的那套漫画。那时候我经常去表哥家玩，他有很多小人书，我最喜欢其中那套 1984 年中国文联出版社出版的黑白版《丁丁历险记》。

比利时画家埃尔热在上个世纪 30 年代创造的这位年轻记者，为我描绘出对这份职业的初始想象。丁丁总是顶着一小撮羽冠般头发，穿着高尔夫球裤，带着他的小狗白雪奔走于世界各地，他能去很多地方，认识很多人，从一次历险到下一次历险，每一次都能化险为夷，每一次都是正义战胜邪恶。

后来真正从事这份职业，我逐渐发现记者的职业魅力——至少对于我来说——就在于永远要保持好奇和学习的心态，永远有未知的领域等着你去开拓，永远有新鲜的文本等着你去阅读。正是这种不断奔走，不断探索的状态让我勤于思、敏于行，保持着个体与社会沟通的脉络通畅，收获着其他工作难以带来的充实感。

二

刚刚过去的2012年对于我来说无疑是富有挑战的一年，因为我要面临一次重要而艰难的选择。

我离开了工作7年的广州新闻部，放弃了多年积累的新闻资源，选择到北京开始一段新的旅程。这个选择让我不得不面对很多难以细述的离别，同时也面临很多陌生而新鲜的挑战。我在迫使自己实现一次记者职业的转型。

在广州的大部分时间里，我的报道领域集中在土地和房屋的公共政策，后来与城建小组的同事并肩奋战，我的新闻视野进一步拓宽到城市建设和公共建筑的范畴。

我逐渐发现记者的职业魅力——至少对于我来说——就在于永远要保持好奇和学习的心态，永远有未知的领域等着你去开拓，永远有新鲜的文本等着你去阅读。

我很荣幸自己能够从广州第一高楼——432米的国际金融中心打地基写起，一直写到这栋大楼101层封顶。在这个过程中，我不仅见证了一座城市地标的崛起，也通过一篇篇报道见证了一座城市筹备亚运的曲折历程和转型升级的华丽蝶变。

2012年夏天一个星期日的傍晚，暴雨倾盆。与物流公司交付最后一批托运的行李后，我与这座城市匆匆告别，来到了远隔几千里的北京。

此前我曾连续3年在全国"两会"的时候赴京采访，那就像一个多年寒窗苦读的学子赴京赶考一样，赶赴一个国家级别的新闻战场。平时习惯了与处级、局级官员打交道的采访在这里变成要时刻准备着向部级官员抛出足够分量的问题。

然而这一次，我是常驻北京，是要在这片更广阔的新闻天地里深耕细作。来到北京后首先面对的是要适应这里的新闻环境，克服国家部委"门难进，口难开"的现实困难。作为驻京记者，我前所未有地感觉到一种开拓新领域的使命感和责任感。也许是远离报社总部的原因，这边的采访不再有主场作战的优越感，必须倍加努力和精心准备，才有可能完成一次重量级的采访，才能不辱使命，争得寸进。

我在北京的报道领域以政经新闻和国土部、住建部的新闻为主。在这边的新闻实践和探索让我进一步理解了时政记者的职业定位，我更加明确地意识到不能仅仅满足于动态的监控和报道，而是要尽快建立起更宏观的时局意识，对时政动态和政经数据进行更深入的观察和解读。

这是一种很奇妙的新闻对接。上半年的某个时刻，我可能还在广州某个城中村关注一次征地拆迁协议的商讨；下半年，我开始在北京密切关注阜内大街64号国土资源部大楼里关于农村集体土地征收补偿制度改革的一举

代表作品

2

作品名称：十八大确立“社会主义协商民主制度”概念具有里程碑意义

刊载媒体：南方都市报

发表时间：2012年11月15日

作品影响：这篇稿子是在恰当的时间，采访到恰当的牛人，深入透彻地谈了恰当而专一的话题。这次采访直接面对并巧妙驾驭敏感话题，是南方都市报在政治体制改革领域报道中一次安全而成功的尝试，报道在十八大闭幕后首日刊发，受到政界学界和境内外媒体的高度关注。

NEWS

中国共产党 第十八次全国代表大会

全国政协副主席、中国人民政协理论研究会会长郑万通：

十八大确立“社会主义协商民主制度”概念具有里程碑意义

代表作品 2

作品名称：广州城建美丽的代价：负债逾千亿

刊载媒体：南方都市报

发表时间：2012 年 1 月 10 日

作品影响：报道引发正在参加“两会”的广州市人大代表和政协委员高度关注，多位代表委员呼吁将地方债纳入人大预算监管。2012 年底举行的广州市十四届人大常委会第九次会议听取了地方政府性债务审计结果报告。南方都市报在地方投融资体制这一公共政策演进过程中，发挥了权威解读、深入报道、舆论监督和推动政策完善的作用。

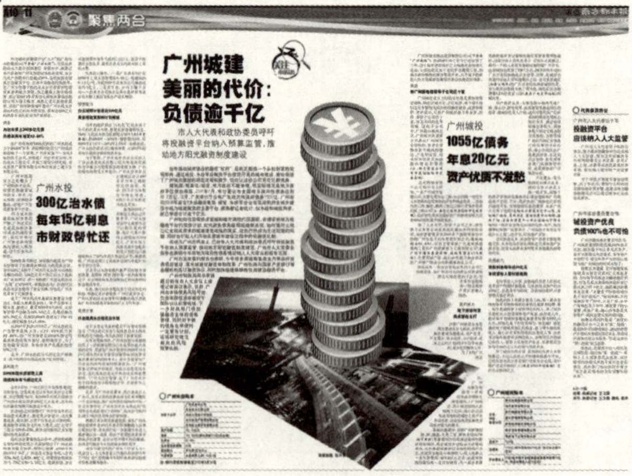
聚焦两会

广州城建
美丽的代价：
负债逾千亿

市人大代表和政协委员呼吁将投融资平台纳入预算监管，推动地方阳光融资制度建设

广州水投
300亿治水债
每年15亿利息
市财政帮忙还

广州城投
1055亿债务
年息20亿元
资产优质不发愁

一动。这种上下打通、真实可感的采写经历，让我有一个更全景的视角去观察和思考时政领域一项政策的演进历程和变迁逻辑。

时政记者是在观察和记录这个时代的变迁，而且他们的文章往往可以去影响那些有影响力的人。当然前提是时政记者要做出对这个时代足够深入的理解，梳理不同利益群体之间的博弈关系，触动社会对公共问题的关注与激辩，促成社会共识的达成与完善。

三

金秋时节是北京最好的季节，天高云淡，风清气爽。

但我来到北京后的第一个秋天过得并不轻松，一场五年一次的新闻大考即将登场。举世瞩目的中共十八大在 11 月 8 日开幕，这次大会决定着中国未来的发展方向。对于新闻人来说，能否近距离观察和报道这次大会，是对一个时政记者成熟与否的考验。

其实早在3个月前，许多记者就已经开始着手十八大采访的前期准备工作。我们查阅了丰富的历时资料，熟悉每一位党代表的经历和特点，分工拟写各自熟悉领域的采访提纲。但由于众所周知的原因，报道空间和采访机会在会议召开前和会议期间被很大程度压缩。面对有限的操作选题，我在这次报道任务面前和许多同事一样感受到巨大的紧张与焦虑。

对于这次大会的报道，值得我回忆和总结的是一篇人物专访稿。

中共十八大报告首次系统论述了社会主义协商民主制度，这是中国执政党关于未来政治体制改革的一大亮点。而全国政协副主席、中国人民政协理论研究会会长郑万通正是推动协商民主制度发展并最终写入十八大报告的关键人物，由他首先提出的“界别协商”也写入了十八大报告。对于解读十八大报告中关于政治体制改革和协商民主制度的话题，没有人比他更合适接受采访了。

报告发布的当天下午和晚上，我及时通过有关渠道联系郑万通副主席，经过坚持不懈的努力沟通和细致缜密的采访提纲设计，终于获得这次采访机会。2012年11月13日，郑万通在全国政协主席楼的办公室接受了南方都市报记者的采访。这是南方都市报首次“面对面”直接采访现任副国级国家领导，南都也是十八大以来针对报告中政治体制改革内容进行深度访谈的首家媒体。

编辑对这篇稿件的评价是，“这篇高端访谈是在恰当的时间，采访到恰当的牛人，深入透彻地谈了恰当而专一的话题。”此前从不接受媒体采访的他为何接受南方都市报的长篇访谈？郑万通与记者见面时直言是因为看到记者采访提纲列得专业，抓住了问题的关键而接受采访。

中国政治体制改革已经进入深水区，而协商民主制度正是其中一个重要的突破口。这次采访直接面对并巧妙驾驭敏感话题，在谈及西方竞争民主和社会主义协商民主的比较时，郑万通指出西方民主“往往致力于彰显民主的价值和意义，忽略了民主对团结的需求，造成推进民主进程中的团结危机”。而协商民主的“逻辑起点是各方力量的联合和人民的凝聚”，“目的就是发展更加广泛、更加充分、更加健全的人民民主”。在谈及专题协商的发展前景时，郑万通毫不讳言地建议“协商领域可拓宽到选举协商”，并回忆了新中国成立初期政治协商任务中就包含协商候选人名单。

当我从采访录音中整理出上述问题的答案时，我感到这是一次有实质内容而且是有分量的政治访谈，我和编辑在稿件后期编排过程中都为此感到振奋。这次报道是南方都市报在政治体制改革领域报道中一次安全而成功的尝试，报道在十八大闭幕后首日刊发，受到政界、学界和境内外媒体的高度关注。

随后，包括新华社在内的多家中央媒体在 11 月底开始关注和报道这一题材，而他们对郑万通的专访内容不但在时间上远远落后于南都，而且在内容上也没有南方都市报的报道谈得透彻。

四

忙完这个秋天的任务，我又投入到紧张而充实的中央经济工作会议系列报道筹备中。对宏观经济政策的报道也是我来北京后从时局新闻角度关注较多的领域。

北京的新闻场最大的特点是聚集了许多高端资源，特别是经济学界，许多在当代理论界和高端智库中活跃的专家学者频繁出现在北京的各种论坛和讲座中。他们可能昨天还在参加中南海的问政座谈会，今天就有可能接受记者的采访，他们对我国的宏观经济政策具有更直接的影响力。

记得去年 7 月，温家宝总理在中南海举行了经济形势座谈会，周其仁、华生、许小年、屈宏斌、曹远征等著名经济学家参加了这次活动。与这些专家建立联系并争取深入访谈的机会显然是我应该努力的方向。

就在 7 月 21 日星期六晚上，中欧国际工商学院经济学和金融学教授许小年在北京海淀区的校区有一场讲座。我早早获悉这次活动预告并在当天下午参加完北京大学林毅夫出席的一场论坛后准备赶往许小年的讲座现场。

这一天有一个突发情况就是后来被媒体广泛报道的北京“7·21”雨灾，当时的情况是这座城市的路面交通几近瘫痪，我从地铁站趟着没及膝盖的积水步行赶到了活动现场。遗憾的是许小年教授的车也堵在北京三环路上，据说两个小时只移动了 20 多米，最终这场讲座不得不宣布取消。

这次采访经历虽然看上去是空手而归还十分狼狈，但我想正是这种锲而不舍的劲头让我在过去半年时间里迅速积累起日益丰富的专家库资源，不断为下一次政经题材报道拓展人脉。

此前的积累在年底的中央经济工作会议系列报道中赢得收获。

这是新一届中央领导集体展现经济新政的关键会议，南都在今年的解读报道中不仅突出了重点和新意，还经过一周的紧张筹备在 2013 年元旦起连续 7 天推出“展望 2013”系列专题报道，通过采访顶级专家把脉改革顶层设计，围绕经济体制改革、城镇化、社会法治、财税制度改革等多个时下热点议题展开讨论。

曾在20年前参与社会主义市场经济体制制定，参与过十五大、十六大、十七大等党代会报告起草的中国社科院学部委员、著名经济学家张卓元在接受我的采访时提出了许多掷地有声的观点和建议，这位年逾八旬的经济学者说出的那句“要打破改革怕得罪人的惯性”在新年第一天获得多家门户网站的首页转载。

岁末年初，借此机会写下这些略显琐碎的文字权且作为我对自己2012年的一次小结吧。对于传统媒体的记者来说，“这是最好的时代，也是最坏的时代”。我们经受着信息爆炸与科技进步给传统新闻操作带来的严峻冲击，同时也在苦苦寻觅坚守新闻职业路径、开拓信息传播新途的可能性。

500年前，明朝大儒王阳明提出了“知行合一”的理念。历经历史的沉淀，如今这四个字在这个喧嚣浮躁的年代显得更加弥足珍贵。在认知与行动的互补递进过程中，我也许能够找到记者这份职业的平衡支点。

（作者系南方都市报记者）

围观
卫国
3

第7个离开的人

许黎娜

2008年8月的一个晚上，和王卫国在MSN上感慨几位同事即将离开广州新闻部。他们中有几位，在2006年6月曾一起同游東河——称之为"東河九人团"。数了数，王卫国说："得，就剩我们仨了。"

"我们仨"是：王卫国、梁艳燕以及我。

在那次部门拓展后两年间，有6位成员先后离开广州新闻部；而从那时算起到2012年5月，4年后，又有一位成员即将远行——王卫国是第7个离开的人。

2005年，王卫国加入南都广州新闻部，从此，我们成为邻桌同事。2011年夏，搬入新大楼，当我从哈尔滨出差回来发现，和王卫国的座位隔着块挡板，仍然算是邻桌。

辨识一个人的性情和习惯，可以从细节入手。没和王卫国打交道之前，单是观察他井井有条、干净整洁的办公桌面，就不难想象，这张桌子的使用者对自己是何等的严格。

2010年，广州新闻部推出年度专题"广州十年城变"，王卫国既是第一叠广州新地理的统筹、自己还要写14个版的稿子（以一个版2500字计算，超过35000字。一些稿子还改了几次），同时他经营几条重要的线上动态和专题都不能落下。

广州新闻部记者裘萍在主持2010年南都新闻奖时，说了一段话，大意是，做城变的那一段日子，办公室里弥漫着紧张无比的气氛，大家都处在一种极限状态——她说的没错。在这种气氛、这种状态下，王卫国是怎么坚持下来的?

我觉得，他是最最最最……有理由不满埋怨、讨价还价、拖延交稿的人，但是这些，都没有发生在他身上。

他说，在城变中学到不少东西。我相信这是他认真的话，想想若没有这种心态，若对自己没点要求，压力怎么转化成动力。在这一年，他"清

@吴小渤V：王卫国玉树临风，风流倜傥，苹果粉，技术宅，爱音乐，爱电影，还会带我们去IFC的69层看璀璨夜色。天秤座优雅风度的代言人，在记者队伍中拥有众多女粉丝的情况下还能在编辑老师中男女通吃。没办法，他就是这么完美无瑕的男子，而且还很可爱。尤其是在唱卡拉OK时，喝高了要拿手机看歌单。王老师，我很想念你。

楚地听到自己骨头生长的声音”。他所有的努力，所有人有目共睹、为之佩服。

与他对自己的严苛相对的是，他对他人始终如一的谦和有礼。这一点远近闻名，连最难对付的通讯员都对他疼爱有加。

他并不是一个常常把喜怒哀乐溢于言表的人。他温文尔雅，说话声音不高、语速平缓，即使稀松平常的聊天，也很容易与他取得共鸣，获得他的赞美。他不装、不倨傲、也不敷衍。与他相处，可以很放松、很愉快。

从2005年算起，王卫国入行至今已有7年。我敬佩他的清醒、谦卑、感恩，保持着激情、好奇心和不服输的倔强，这是职业新闻人的初心，他始终没变。

他决定离开广州。我深深祝福、并相信：北京会是更适合他的大舞台！

告别王卫国，于我而言，值得记取的是，那一段在广州新闻部里惺惺相惜的日子，曾有这样的邻桌同事，我感到何其荣幸！

（作者系南方都市报记者）

江艺平点评

一个得心应手的岗位，可以让很多人安于现状，却成为王卫国改变自己的理由。他这样描述记者的职业：永远保持好奇，永远探索未知。永远有多远？永远就意味对极限挑战，包括认知能力的极限、行动能力的极限。眼界决定境界，挑战者未来可期。

良知

LIANGZHI

艾波

个人简介

男，云南昭通镇雄县人。曾横穿中国求学于东北大学，毕业后又“穿越”回昆明，干过技术员、销售，还做过无业游民。10年前“嫁”到云信，便相守至今，一枚专情的孩纸。闲暇时爱运动，半是兴趣半是为了健康。有健康，一切才有意义。

十年

入选理由

在复杂的2012年，做好报纸封面，尤其需要智慧。除了要闪耀“价值观”的光辉，还要将其彰显得恰到好处，无论是提炼温家宝最后一次“两会”答问的话语要义，还是薄熙来事件的隐晦表达。犀利的眼光，恒定的理念，艾波都有。未来，只需要坚定前行。

记者
感言
1

其实有些惶恐。我是个编辑，从来没想过，“年度记者”这个荣誉，会跟我扯在一起。报社有很多优秀的记者，可以说是我敬佩或者喜欢的，比如曹红蕾、冯蔚、韩海阔、田佃……我只好像莫言拿诺贝尔奖说的一样——“我觉得获奖并不能代表什么，我认为中国有很多优秀的作家，他们的优秀作品也可以被世界所认可”。我认为云信也有很多优秀的记者编辑，如果由他们来领这个奖，也实至名归。

做编辑，经历一般不如采访多彩刺激，更多是内心的各种纠结和取舍。编辑工作基本不提供原创，却可以努力增加阅读附加值。

一

首先简单说点关于编辑工作的理解。我认为编辑的工作有四重境界：第一重是改错别字，理顺语句，取标题。其实，如果不是记者原稿写得极烂、狗屁不通，偷懒的编辑可以很快搞定一个版的稿子，尤其是现在多数报社设置了校对人员，就算处理稿子之后错别字多点，也不怕——反正还有校对呢。基本上算文从字顺的稿件，上版、然后变成报纸，通常也挑不出硬伤。最多是觉得阅读缺少快感。当然，对于网络时代的纸媒，不能提供阅读快感，其价值就更难体现了。

编辑工作第二重，是版面构想。一个稿子基本改到文从字顺之后，版面呈现的效果，对于编辑来说，意义重大：有一个漂亮的模样，就像美女一样，即便是花瓶，也一定能收获很多赞誉。从功利的角度出发，编辑须得在这个方面下最大的功夫，因为，通常而言，版面评分人不大可能细致阅读你所处理的稿子，更多是从整体感官上作出评价。好看的模样，通常就意味着较高的稿费。

当然，报纸不能止步于“外貌协会”，于是就需要第三重境界的编辑：文字、稿件结构更加精细的修改（不是每位记者的原稿都能写得流畅），目标效果是流畅以及优美，阅读的时候就会产生愉悦感，结构清晰，不能让读者读完后还一头雾水。只是，这一重的工作，你的读者和领导有可能看不到，这需要编辑的责任心——为了报纸更长久的生命力，哪怕精耕细作不会让你的稿费增长，也需坚持做好。十年前我选择到云信求职，当时就有部分因素是这份报纸的文章让我读着挺舒服。

在前面三点都做得游刃有余之后，编辑提升的方向应该是对采访的指导，以及价值观的取舍和传播。做新闻，尤其是在新媒体时代，不能再仅仅是传播资讯，更应该有“交流”——以前有句话说“读书是与作者对话，与无数先贤智者对话”，那就是因为书中有思想、有相对成熟的价值观。

二

我说两个自己的案例：一个是2012年两会结束温家宝答记者问的版面，另一个是4月11日中央通告停止薄熙来中央政治局委员职务以及其妻涉嫌杀人的版面。

整体摆上版之后，感觉在中间部位做些修饰，版式上会舒服些。美编听后，思量一番，先是画了个框，不好看，改成铺个黑底，想想不合适，黑色在这个新闻中怕被有心人解读，于是改成了蓝底。由于版上上中下三块看起来太古板，之后，又在中间的蓝底上做了些美术装饰，变为撕纸效果的不规则边框。

在去年“两会”召开之前，关于重庆的各种传言就已经沸沸扬扬——王立军、大使馆、薄熙来……重庆代表团开放日的时候，很多媒体蜂拥而至，也是想一探这方面的风向，但并未如愿。直到温总理答记者问这天，最后一年任期最后一次答记者问，温总理如大家期盼，谈到了政治改革，谈到了重庆，谈到了文化大革命……听到这些，立刻就兴奋起来——重庆的大戏拉开帷幕了。当然，越是兴奋的时候，越要保持一点点冷静。下午吃饭时，正好总编在，沟通了一下，决定不单一呈现“重庆要反思王立军事件”——虽然这是最热点最核心的话语，但若舍弃与文化大革命对比的表述，分量损失大。而且，会显得价值观取舍上有些冲动。最终选取了温总理回答的几个重要内容有层次呈现，包括“文化大革命可能重演”、“党和国家领导制度要改革”、“房价远远未回到合理价位”、“重庆市委市政府必须反思王立军事件”等，适度平衡整个版面的选择，以免价值观过于“左倾”。次日见报，从全国来看，云南信息报的封面都属一流。(有兴趣的同学可参看云南信息报2012年3月15日电子版)。

而重庆的大戏终于在4月10日正式登台，成为2012年中国最具分量的事件：薄熙来涉嫌严重违纪，停任中央政治局委员、中央委员。当天，各媒体领导都被召集开会，传达对该组新闻的报道要求：各媒体全文刊发薄熙来停职、其妻薄谷开来涉嫌故意杀人的新华社稿子以及人民日报评论文章“坚决拥护党中央的正确决定”。接到这一通知，当时是晕乎乎的——封面全部排文字，还不丑死掉啊？可是上级主管部门明确要求，也拗不过。好吧，遵照执行。然后便和美编商量怎么才能在此基础上把版面做得好看些。薄熙来停职的，自然放头条了，评论文章太大，沉底吧，于是其妻涉嫌故意杀人的消息就夹在两者中间。整体摆上版之后，感觉在中间部位做些修饰，版式上会舒服些。美编听后，思量一番，先是画了个框，不好看，改成铺个黑底，想想不合适，黑色在这个新闻中怕被有心人解读，于是改成了蓝底。由于版上上中下三块看起来太古板，之后，又在中间的蓝底上做了些美术装饰，变为撕纸效果的不规则边框。而后来网络转载后，对此的解读远远超出了编辑的预想。记得当天版面送交值班领导时，我还特意征询了标题问题——用的并非新华社原标题，是否可以？值

代表作品 2

作品名称：2012年3月15日云南信息报封面

刊载媒体：云南信息报

发表时间：2012年3月15日

作品影响：温家宝这一次的答记者问蕴含了很多东西，要体现重点又要兼顾平衡。这个封面选择多点呈现的方式，次日同全国媒体比较，也是一流的。

人民需要政府的冷静、果敢和诚信；政府需要人民的信任、支持和帮助。
云南信息报
星期四
文化大革命这样的历史悲剧还有可能重新发生。
特别是党和国家领导制度的改革。
房价还远远没有回到合理价位。
在我担任总理期间，确实遇诉不断，我虽然不为所动，但是心里也不免感到有些痛苦。
我独立的人格不为人们所理解，对社会感到有点忧虑。
现任重庆市委和市政府必须反思，并
认真从王立军事件中吸取教训。
我认真没有敷衍地回答了记者朋友的每一个问题，整整三个小时了。是不是可以结束了？
2012 博览会

代表作品 2

作品名称：2012年4月11日云南信息报封面

刊载媒体：云南信息报

发表时间：2012年4月11日

作品影响：薄熙来涉嫌严重违纪停职，见报后，仅腾讯微博上就被转载、评论数千次，俱是赞誉。以同行和民间的评价，这是无可争议的全国最有分量的封面版。

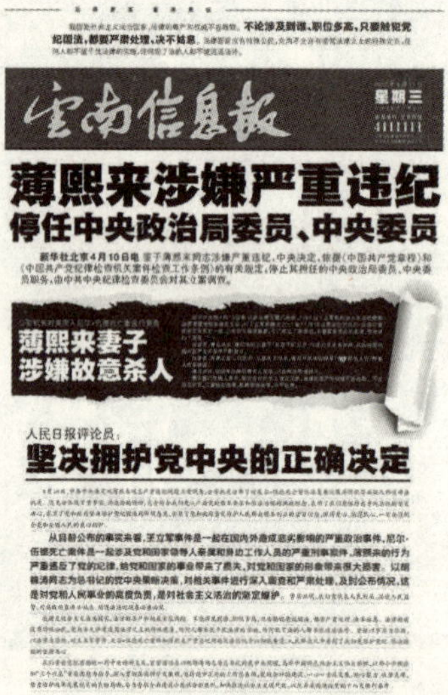
不论涉及到谁、职位多高，只要触犯党纪国法，都要严肃处理，决不姑息。

云南信息报

星期三

薄熙来涉嫌严重违纪

停任中央政治局委员、中央委员

新华社北京4月10日电 鉴于薄熙来同志涉嫌严重违纪，中央决定，依据《中国共产党章程》和《中国共产党纪律检查机关案件检查工作条例》的有关规定，停止其担任的中央政治局委员、中央委员职务，由中共中央纪律检查委员会对其立案调查。

薄熙来妻子涉嫌故意杀人

人民日报评论员：

坚决拥护党中央的正确决定

从目前公布的事实来看，王立军事件是一起在国内外造成恶劣影响的严重政治事件，尼尔·伍德死亡案件是一起涉及党和国家领导人亲属和身边工作人员的严重刑事案件。薄熙来的行为严重违反了党的纪律，给党和国家的事业带来了损失，对党和国家的形象带来很大损害。以胡锦涛同志为总书记的党中央果断决策，对相关事件进行深入调查和严肃处理，及时公布情况，这是对党和人民事业的高度负责，是对社会主义法治的坚定维护。

班领导便又打电话给去开会的领导确认，得到的回答是没有说不能改标题，只说要全文刊发在封面（后来证实是开会的领导听漏了要求，标题原本是禁止改的）。我们讨论后认为——该封面对标题改动没有超出主管部门画出的框框；至于版式，谁都没去想它会引起误解。版面顺利通过。次日，大家发现：除了云信等两三家媒体，几乎全中国的报纸都是同样的标题——照新华社一字未改。当时心里就有些忐忑了。而随后，有人在微博上转载并评论了云信当天的封面——“速览了今天国内各报头版，觉得最有意思的是云南信息报——请特别注意中间的那片“纸”，妙在哪里？”“撕开黑幕，还是只一角”等解释便如潮水般涌出，仅从我的匿名微博（个别熟人知道是我）上，都看到有数千条对此的转播和评论。随着类似解读的传播，引来了上级主管部门的注意。记得有次美编都担忧地问我——他是不是也会被处理？我说：“直接责任人肯定是我，我都还活着，还轮不到你的”。也许是封面事件最终没有对社会带来实质性的不良后果，在多次批评教育之后，此事渐渐过去（该封面可参看云南信息报4月11日电子版）。

现在想来，包括3月15日温家宝答记者问封面和4月11

日薄熙来事件的封面，之所以有影响，很大程度是因为价值观的体现。而4月11日又由于全国媒体的统一形态，更加突出了云信封面的特殊性，于是意外大热。

三

对于个人从业感受，入行十年，我说几个多少记得的片段，这些片段，或许是对我影响较大的。

首先说下我十年前初入新闻行业时遇到的一个人，向兵，当时的云南信息报编辑部主任，是我的直接领导。这是一个精干的四川男人，身材不高，五官棱角分明，眼睛黑亮有神，留着比较浓的小胡子，那时的印象，就觉得这是个很有干劲的人。后来还发现，他嗓门很大，编辑部里随时回荡着高分贝骂人的声音——那一定是某位编辑的稿件、版面处理让他不满意了。通常，他骂人开头的第一句都是“你个龟儿子”，然后就是劈头盖脸的臭骂，甚至有几次我分明看到他拿起手边的东西就往编辑身上砸去，这让我想起了儿时在农村看到和经历过的家庭暴力场景。不过，对于新编辑，他倒是不怎么骂，即便是改稿子、取标题这样的基础能力，他也能容忍新编辑做得不够好，然后会不时的小范围开会教给大家一些基本思路、经验。对新人宽容并指引，是这个火爆脾气的四川男人给我留下的好印象之一。我另外还记得的一个细节是：我通过筛选入职，是他打电话通知的，我问“上班需要准备什么吗”，他说：“不用准备什么，但晚上凉，注意多穿点衣服就可以了。”其实也是个会体贴下属的领导。

时间会包含很多东西，包括领导。王力也是我曾经的直接领导，这位女子有着乔峰式的大气，待人豪爽而真诚，亦有阿朱一般的温婉细致，比如安排部门的策划，尤其是较大的选题，她都会把题目从大到小分解，然后详细清晰列出每个参与者该做的事情。印象中，很多次相关编辑记者讨论她给出的方案，最后都是按图索骥照计划进行了。

我成为她的下属，后来据了解是她点名抓我去的。当然，被抓壮丁不是坏事，至少表明有人看重你。从那时我就开始常常做封面，不过当时报纸封面还是放较多稿件的，删改稿件有时候总难免遇到几乎再难下手的情形，此时她便会带着我一起“收拾”稿件，即便有一个字的多余也不放过。对于下属来说，领导以身作则的效果通常还是比较好的。我以她为师，还没学够。

要说的第三位是王雷，他并不是我的直接领导。他是云信编委时，我是普通编辑。我成为基层干部时，他是副总编。不过，在有相对重要的事情时，或者分管编委不在的时候，越级沟通也是常有的。比如部门年终总结会议，就邀请了他来参加。云信目前的办公环境，私下同事都常说很糟糕，空气流通严重不畅，连放几棵花花草草在办公室，都会无精打采甚至没多久就直接挂了，我们都认为花草是闷死的。于是，那个下午，在沉闷的会议室里，部门年终总结会议有些沉闷，每名编辑以及我自己发言完毕后，我请他点评指导。王雷说，会议开得“毫无激情”，听得他都要睡着了。我有些意外，愣了愣，感觉并不服气——大家主要从编辑部工作的不足上来谈，自然不会讲得慷慨激昂，而且也不用要求讲得多好多有水准，只要真实讲出问题即可啊。“官方会议就都说得好听，但空话套话无意义噻。”我红着脸，回了一句。记得小时候我就爱和家长顶嘴，为此挨过不少揍。王雷当然不会揍我，只是记得他当时好像生气了，“领导说你不对，你就听着，还辩什么。”我想，在中国，他是对的吧。

我想王雷的确是个充满激情的人，记得他曾经的述职发言，充满张力、抑扬顿挫，很有感染力。他初来云信时，便多次在重大采访中积极召集各部门骨干，讨论并迅速安排执行，并且亲自参与动态指挥，以保证报社在重大新闻上做到尽可能的出彩。

关爱或者批评，都会让人有所获，成为成长的养分。谢谢这些年给予我关爱或者中肯批评的人们。

三

近年来，层出不穷的新媒体形态如同一座座大山，压在绝大多数纸媒从业者的头上。应对新媒体冲击，云信也做了很多探索。从网站建设、流媒体，到如今正火热的微博、微信，云信或主动或被裹挟着随潮流前行。2012 年云信改版时曾提出做“有态度、有温度”的新闻，想通过编辑本身对新闻的态度和观点，间接形成和读者之间的交流互动，在报纸的个性化、差异化方面作用应比较明显。我认为这是一个有益的尝试，当然，对于编辑来说，思想成熟性以及眼界的要求会比较高，不然容易表错情。这个尝试在一度中断之后，或将再续。

2013 年，还是要摸着石头过河。一边走，一边思考。

（作者系云南信息报编辑）

围观
艾波
3

我的同事艾波

王 野

认识艾波，时间不长，前后不过 1 年多。写来难免乏味，但一些知根的老友又像官员公布财产一般扭扭捏捏。好，由我来。

2012 年初，云信版面升级，打破原有编辑部，成立第一版块，我任总监，艾波任副总监。对原编辑部主任艾波来说，似乎略贬，但从他的脸上，只看到了一丝不爽和沮丧，满脸都是恬静和淡然。他宛若赵红霞，放在哪里，都会像颗香艳的螺丝钉一样，钉在不管什么地方，都会发光、发挥能量。个人得失对于他，浮云尔。

艾波形体瘦，身材小。瘦，瘦得眼睛深深的凹了下去，像福尔摩斯、像连城诀里的血刀老祖，更像他的新闻追求——骨感而不性感；小，也许身材上的灵活，运动上让他选择了乒乓球，沿着这个价值取向，他还选择了个九四年的小女友，也许都属于“小波”乐趣吧。

艾波是个十分执着的人，执着到固执的人。漫漫十年新闻路上，他形成了自己独特的价值观，这个价值观主体上也是契合云信发展道路的价值观。

艾波很认真。云信的一版，大都出自他之手，最起码最近几年的是这样。每天编前会报稿后，重点确定，艾波排版。之后，便陷于冥想中，这是他对于一版新闻价值选取和判断的重要流程。这其中还掺杂着和各部门交流让记者补充某方面采访之类的事情。

对于本地新闻的锤炼和理解，艾波可以说是首屈一指。是报社发力区域性新闻阶段的必备人才。这点在一版体现得比较充分，此类例子俯首皆是，前几天昆明机场大雾，满地鸡毛，当内版新闻还在絮絮叨叨说影响时，艾波已在封面指出“三方均需反思”。这在立意高度上、新闻纵深上，均显现出与同城媒体强烈的差异化。

去年美国丹佛剧院小丑枪击案，艾波做的封面也很让人惊艳。巨幅蝙蝠侠海报前，六个触目心惊玻璃弹洞，滴血的“12”人，均展现出艾波对

@琉克勒茜Ⅴ：头版虐我千万遍 我待头版如初恋……木有被标题折磨过的编鸡不是完整的编鸡，天天被一堆标题折磨的编鸡是编鸡中的战斗鸡，让我们对其致以崇高的敬意和亲切的慰问……

形式冲击力的掌控能力。这个封面当日在媒体圈获得了同题“最佳版面”的非官方称号。

去年最具分量的新闻当属薄熙来案，出自艾波最具分量的版面也当属4月11日的薄熙来涉嫌严重违纪的一版封面。这个版，减去和有司信息对接误差外，主标题无任何不妥，但中间一条纸撕开露出了“薄熙来涉嫌妻子故意杀人”的蓝色看点，在当日万马齐喑、千报一面的中国报界，艳光四射，充分显现出了属于云信独特的价值观。当这个版面在微博上经香港大学钱刚转发并解读后，引起轩然大波。这在让云信承担了应得的美誉同时，也让云信承担了前所未有的压力。

工作中的艾波，总是喜欢微笑，笑得像个邻家小妹。好脾气并不意味着艾波会轻易改变自己的价值观。曾有一个夜晚，那是盛夏，酷热总会

习近平：不能割裂改革开放前后历史并相互否定
国内·B07
昆明今年建4.26万套保障房
云南信息报
星期日
昆明机场航班将于今日恢复正常
滞留旅客送完 三方均应反思

让人脾气暴躁，美编部门的业务领袖小施因封面设计与他的意见相左，一时间谁也说服不了谁，双方只得把脸上的唾沫擦干争辩继续。争辩中，小施口不择词，引用典故颇不雅训，只听艾波大吼一声“施勋宇，你××，是听你的还是听我的？”小施愕然，最后按艾波的意见改过了。同事李冬说这是他唯一听艾波大声说话的一次，平时他断然不会这样。从那以后双方沟通的态度也好多了，这又属于Economic Value Added的意外收获了。

当然，每个人都有其不足，艾波也有。在重视本地和民生的同时，艾波眼界有时显得还不够宽广，像前两天薄案最新进展、和坚决打击截访这类新闻，是必须要出现在一版的。虽然胸围并不等于胸襟，但还是衷心希望，艾波的胸襟更放宽广一些，例如对影响或即将影响中国民主法治进程的稿件，更敏感些。

艾波的新闻观，瘦骨嶙峋，头角峥嵘，坚持大于妥协。可能源于他的宗教信仰和生活习惯：不吃肉，不饮酒，不妄言，不滥交，宛若坚贞的清教徒。幸好，这一年多来，艾波跟我，耳濡目染，一些习惯，改变不少。我指的是我经常在凌晨领他到狗肉摊，吃吃狗肉，喝两口小酒。这对他本来是件毁三观的事，不过，现在他貌似习惯了。

（作者系云南信息报记者）

江艺平点评

以编辑身份入选年度记者，皆因其编辑的外表下有一颗记者的心——让新闻纸真正回归新闻。当许多同行习惯了“一字不改”应付通稿，习惯了“不出事”就是“本事”，艾波却穷尽可能运用版面和标题，只求凸显新闻核心。此关乎技巧，更关乎良知。

突破

TUPO

衣鹏

个人简介

群众，中共十三大那年生于贵州遵义。毕业于四川外语学院，逃课多，看书杂。本对经济金融无知，在21特稿部自领时政和资本市场两方向，试图领会各种风险的流动。爱篮球足球，16年BVB09（多特蒙德足球俱乐部）脑残粉。

好好学习

2012年度记者 入选理由

在21，新闻出身的职业记者与行业出身的专业记者渐为两大流派。衣鹏身上,让人欣慰地看到某种融合。他触摸的题材开阔，勇于火中取栗，2012年的重庆系列足以证明。更大的惊喜在于，他擅长综合运用多学科分析工具，并主动思考，往往令其稿件展现出具有创新感的框架。

记者感言

1

可能是2011年10月的一晚，大师耶喜多杰，又名仁增嘉措"开示"我：一直觉得吧，你们特稿记者得学点基本财务知识。话很刺耳。这位皈依藏传密宗的同事，当时坐在静悄悄的三里屯，给一桌子人讲重庆——我读大学的城市——正谋划的民企国有化手笔。在座追问，这么弄，那人还能到北京吗？大师搓着念珠，嘴咧得露出了大半的牙，努力超脱地说，"反正这些题难做"。

我半懂不懂，那场面有些魔幻。大师干过我这"特稿记者"的活，在报社是第一代，还仅存的几位大爷之一；我的带教老师，部门总监也在，人是江艺平年度点评中的新闻"阿凡达"。另一位前同事本是网球记者，现在连查建英都极爱他笔下大小人物。还有一位肯定进新闻史的老总，十年前的一篇报道，令一项国家制度废止。心里直可惜，我没赶上他们干活的年月。

小半年不到，局面几乎超魔幻了。练古典舞的同事罗诺比通稿早12小时告诉我。给他说准了。3月15日中午，我乱塞了几条没干透的棉裤，直奔首都机场。大学颇崇敬一学长，也刚从新华社结束轮岗，他稳着，我一路绷着脸，使劲想自己认识什么人。飞机着陆时，居然一点触地感都没有。肯定是紧张传到了大腿。

写这自述前，我搭这位学长的车折回酒店。大师那晚说的那些运作，大多已在2012年印刷出版。长江对岸的山群里，一位"首富"的别墅项目荒草成堆；酒店对面的闲置空地，曾引发一位企业主出逃。想起这些事实，我有些荣幸。毕业第3年在重庆的3个多月，伴随延期，懊悔和短信通知，留下的远算不上作品，细处还有疏漏；经自己好好学习，总算尽了些力。

一

我肯定算最资深的实习生。2009年10月，在一次上海例会，当着十几位同事，副主编王云帆突然对我咆哮。大意是说，你状态还是不稳定，已经成资深实习生了，如果再这样，报社也不耽误你。我从4月就开始实习，5月王为哄一女记者干活，称我绝对是最好用的实习生，后来我独立做过数篇稿件，金融危机编制收缩，王想给我机会，把我转到主要给头版写稿的特稿部，我开始犹犹豫豫，几个月没有产出，还差点失踪到他们报警。直到我对去武汉大学调查贪污案也下不定决心，王的耐心到了极限。然后我就成了很多人希望帮助的对象。

面对好意我会觉得很狼狈。照我之前做学生杂志那得意样，真没想到会有这一天。2005年，我抓紧高三的时间，谈远程恋爱，缺席快一半的课，排名急坠，最后苦着脸去四川外语学院新闻专业报到。当时也不知这学院是怎么攒出来的。我还是不太正经上课，主要是借人文社科各种书看，大二每周要花20块钱买各种杂志报纸，看的多了，脑子更正常些。有一位刘小枫的博士弟子程志敏讲选修课《荷马史诗》，让我觉得研究好像非常有趣；加上专业老师严功军、王飞等睁只眼闭只眼，我自恃已经开窍，准备操盘所谓深度且调查的报道。

我知道，在北京，在广州，这则报道在成为例会上的话题。但不会有文字抵达我这里。一位经历得多的前同事安慰我，哥也算小红了下，至少别人知道有你这么个人。我给“耐心帝”陈小莹说，我应该辞职，陈说这更不负责任。也是。只怪自己没有好好学习。这疤不能抹去。

当时我们的自办杂志叫《新一代》。我是年纪最小的所谓7位编委会成员之一，也是唯一男生（校男女生比例1:7），口气大，脾气爆，要自己分管封面报道，再揽着大半排版加跑印刷厂的活。一位学姐受不了我那嘴脸，率所有寝室成员在食堂与我对话。当时自己真是离谱。另一位副主编和我合租，晚上隔着门大吵选题，惊醒了隔壁单元一同学他爸。总之，最后我们组了几篇东西，用了一概念叫“川外历史拐点”，在校园里疯传，有的部门不满，校党委书记已被和我半夜吵架那位袭击采访，于是在中层会上力保。

我自己做过一篇调查新校区建设延期的特稿，使计获得准确的债务规模和融资来源，还一板一眼采访了分管校领导。2009年3月没处可去时，听说可能去21世纪经济报道实习，我将它重点标注，意思是也算财经报道，发给原南方周末经济部记者马凌。马老说完那种看到年轻时自己的套话，又转给王云帆。王好像有在大学创办报纸的经历，这样我才到上海实习。

然后膨胀的日子消失了。我试图在头版发第一篇特稿时，采访那稿子前，我基本不懂财务报表，找一朋友一项一项问。几方对照，恍然大悟，以为像有些编辑滥用的话说，一条利益链条浮上了水面。稿子到了讲嘉兴软语、对话窗口里喜欢发“呵呵”的编辑张凤安那里，他翻脸称，你写的没有一段话我能看懂。这种事情在第一年频频出现。2010年1月，我的工位上才有了正式员工标牌；确实写作不好，又不懂资源积累，基本上一半时间出差，好像一度类似主编刘晖所说，一觉醒来总觉恍惚，不知在哪座城市。于是各种应景的选题都做过。连听说做村官的大学好友被抽调到拆迁办工作，我都跟去混了一周，写出稿把他害得够呛。玉树地震去现场，在睡袋里听说，我可以火线“转正”。那之后编辑部可

代表作品 2

作品名称：重庆民营企业主“涉黑”资产调查系列报道

刊载媒体：21世纪经济报道

发表时间：2012年8月21日、12月13日

作品影响：这组报道呈现了超过200亿重庆涉黑资产的追缴、托管、执行等处置手法，内含多种法制报道和财经报道的工具和框架，同时尽力采访各个方面，保证平衡表达。8月独家报道首发后，数十万网民很快就此表达意见。现实影响是，曾促使当地政府部门暂停部分争议资产的变现计划。不足之处是自我设限，缺乏故事性和人性细节。

重庆涉案民企争议财产有待核查

重庆市委书记孙政才多次讲话，要求当地继续落实今年6月制定的民营经济政策。过去数年多家大型民企因涉案判处财产刑后，至今未完结执行程序。下一步如何走向，被外界视为一种象征信号。而事件凸现的更本质问题是，相关法律本身的瑕疵。

本报记者 衣鹏 重庆、北京报道

1.未完结的财产执行

几位企业主经营的公司企业，有的未被判刑，有的明确判处了罚金。目前除黎强的股权已完成司法执行外，其他案件的执行均未完结。

代表作品 2

作品名称：十年操盘万亩土地：郎酒系地产隐秘链条

刊载媒体：21 世纪经济报道

发表时间：2012 年 12 月 27 日

作品影响：在年末有关成都高官的纷繁信息流中，该报道具备权威且平衡的消息源，详尽的采访素材，清晰的多方利益陈述，将企业发展线索与合法性问题交织呈现。报道对民企商业模式有同情之理解，将落点放在对城乡统筹、土地流转等领域审批和监管的反思，使其同时获得读者、投资者关注和涉事企业高层的理解。不足之处是部分内容详略失当。

十年操盘万亩土地：郎酒系地产隐秘链条

外来工纳入保障房计划是真正的城镇化

温州官员流汗述职

能信任我了些，可是我还是没什么选题挖掘能力。我觉得，今后可能会很难看。

二

有机会接触正经的财经报道，已经是 2010 年 7 月，前同事王康介绍一家在美国上市的保定纸业公司涉嫌财务造假，我正好因个人原因在北京滞留，虽然当地一个人不认识，还是去了。王康的信源讲了几个关联交易线索，好在我的部门负责人左志坚逼我做过公司调查，我能理解，开始查询各种资料，直到把带教老师陈小莹的前同事的同学在十多年前某创作班上的相好都“用”过后，这题算是调查成功，该公司次日股价蒸发 17% 左右。很多关心中国概念股的消息源找到我，我以为走到蓝海边了。

其实我压根没有掌控能力。9 月，我写了一篇同一系列的追踪报道，看似很猛，实则既犯了常识错误，又缺乏足够平衡。那天我坐在清华大学一家咖啡馆的阳台，手脚冰凉。一位财务咨询公司负责人说，我研究了你原来的稿子，你不是做财经报道的。承蒙他和其他几位“受害者”火气里也还有耐心。我又去一页页查文件，确系表达不准确。结果王云帆比此前任何一次对话声音都低沉。他好像咽了什么下去，然后安慰我，着急了，有体系的问题。第二天，报纸头版刊发了更正说明。

我知道，在北京，在广州，这则报道在成为例会上的话题。但不会有文字抵达我这里。一位经历得多的前同事安慰我，哥也算小红了下，至少别人知道有你这么个人。呵。按近日习的话说，打铁还需自身硬。美国的吐槽声都到了驻纽约同事那里，投资者关系公司准备调查我的背景，看是否和做空机构有什么利益输送。我给“耐心帝”陈小莹说，我应该辞职，陈说这更不负责任。也是。只怪自己没有好好学习。

代表作品 2

作品名称：黄鸣和他的敌人们

刊载媒体：21 世纪经济报道

发表时间：2012 年 10 月 18 日

作品影响：这是一则将多种财经调查工具和特稿写作技巧紧密嫁接的商业报道。记者凭借此前信息全面准确的调查报道，游说处于危机中的企业，获得新颖的观察式采访和最早的独家专访机会，此后仍不断扩大调查确证的外延。从这一持续数月的热点走向看，稿件实现了对复杂人性和企业经营趋势的呈现和解释。不足之处是刊发时点和传播度。

这疤不能抹去。

当时，或者直到现在都有的问题是，我这人一无存量人脉二无社交才华，应该怎样面对金融财经类选题。当时我没有想明白，后来这些领域陆续来了选题机遇。就硬着头皮上，但比过去更谨慎些，慢慢觉得要先熟悉成形的各线产品信息披露，再理解工具背后的资金流动形态，可能比较重要。诸如股票、期货、信贷、投资基金、财政预算、信托等，接触一两个相关选题后，一知半解，再反思得失，成为惯用分析工具，慢慢就出了兴趣。

就特稿部门目前接触的选题而言，储备这些，大多不是为了揭示行业问题，也不是为了获得日常信息的提前量。大多只能是加快熟悉报道对象的效率，形成判断依据。投融资领域似乎能将宏观面和微观决策连接起来。这种思维与正常的“特稿”或者“调查性报道”的选题研发和采写框架大致对榫。2012 几乎也用上了。

三

2012 年在重庆、成都做报道时，与两位财经类杂志的前辈记者有过业务坐谈，虽然能对话，但他们的持久力和冲动，让我觉得自己差得远。而且很难讲，我是不是还在与他们类似的轨道上。我想，在真正遇上历史性的选题机遇时，一个记者能如何管理好自己和资源，恐怕不是两三年从业经验就可去谈论的。就像年末南都周刊的报道，也让我和同事感慨不已。

这一年让我更充分体味到事态的复杂性。《环球时报》也强调这词，它本身应该是挺重要的。较之以往，我从事的一些报道确实要复杂一些，它们面临的外部场域也比较多样。比如，我试图将人物报道和调查性元素结合，在写企业家黄鸣时，我在查阅了一大摞资料，又观察了两三天他在公司的行动，结论是他的商业确曾获得行政性支持，也正因过往投资选择遇到经营性危机。但外界简单说“炒作”或“涉行贿”，恐怕不够实在。

又如，写梁稳根参与所谓“官倒”，这并不是梁的最终目的，也不是我的叙事目的。国资的不均衡货币化是基本现实，当然也不算什么“原罪”。我还到地方志办公室查阅 80 年代材料，证明他最初设定的产品，在原料、市场上有依据。但稿件上网却引起一片对梁发家史的随意批评。当然，对梁这不重要。

在重庆，我所做的工作还是很有限。通过采写涉黑资产、实德系资金链、财税情况等报道，类似大密度地学习了区域发展、社会治理和法律执行等方面的知识，常有的体会是，从技术上完成报道总有通道，恐怕要先从策略上考虑工作方向。现在看来，跑动不够，还是认识人还太少，如果还有时间，羹还得慢慢熬。

最后，因为是自述，说点个人想说的，特别感谢丢丢同学，感谢小时候在床头读书给我听的家人，感谢在东亚大厦 20 层、时间国际 19 层、时代广场 31 层有缘的朋友，还有始终在广州大道中 289 号守夜，对我保持信任和耐心的人。

（作者系 21 世纪经济报道记者）

围观
衣鹏
3

革命第三年

陈小莹

一

“我哪儿有革命气质啊？”听完我的标题，衣鹏用了标志性的反问句。

拖沓第三年还比较符合。

过了一秒，他又敲出另一个标题，啰嗦第三年。

跟衣鹏的第一次合作是2009年夏初。

彼时我进入21也恰好三年，正做着汶川地震一周年的专刊。凌晨2点窝在四川成都文殊院旁一个叫做“缘来”的客栈里，伴着惨白的日光灯和楼下鼎沸的夜宵声，读完衣鹏的初稿。

满眼的长句，复杂的逻辑，和频繁出现的“大词”。

“这不是新闻的写法。”我武断地说。

电话那头的人还未谋面，也不争辩，甚至没有告诉我为了核实企业捐赠是否到位，他在一周之内已经打了上百个电话求证。

彼时他大四，刚到21实习，吐字不清的习惯被电话线放大之后，更加剧了我的焦虑。

一周后，第一次合作的稿件获得了一个“革命”的结局，一路从封面稿撤到了第40版，还被拦腰斩断。

这大概就是特稿（部）。在21十周年的文集中，衣鹏写道。

一年零七个月之后的一个白天，我们一同在上海青浦区的数条国道和工业园区中寻找一个模糊的地址。这次是因为上海“11·15”大火。

胶州路公寓的数家保温材料供应商都注册在这里。奔波一天，除了能写写衣鹏如何在没有出租车只有大货车的国道中间拦下一辆脚踏板车的英勇事迹之外，几乎一无所获。

3天后，大火“头七”的那个晚上，衣鹏写下了《一场高楼大火的十年制度引线》这个标题。俩人辛苦十多个小时写完的稿件，由于某个原因，

@**耶喜多杰124**：某日，一美女小朋友来电，闲聊未几，忽然问出一句：你觉得@**圆的K二爷** 如何？靓女打探帅哥，情况很明显啊。俺赶紧一阵好夸：典型四有新人嘛，有造型、有才气、有想法、有出息。嗯，记得有一阵，不知出于怎样的考虑，他忽然留起小胡子。但美女探问之后再见，已俨然白面书生。

只留下了综合新华社的署名。

这也是特稿（部）。

再后来，日本核泄漏，温州“7·23”动车事故，衣鹏慢慢留起了革命的胡渣，背部倾角也从刚进报社的15度逐步过渡到30度。

二

2012年，在重庆蹲着，成了衣鹏的主要工作。

从3月开始，衣鹏就早早地到了重庆。刚去的时候，考虑到风险因素，也没明确的选题要求，美其名曰“看看风向”。

这期间，他经常给我打电话，地点基本在路边夜宵摊，对话不外乎三个句式，今儿见了谁谁，听说谁谁被抓了，以及谁谁转风向了。

一天讨论着“海”里风向，突然顿住，问我，这儿是解放碑，是不是该小声点？

电话两头一起大笑起来。

报社重庆站有一光头大师，造诣非常人，是在看破世间之前擅唱崔健歌的假行僧。

在大师的运筹之下，衣鹏往来于左中右各色人等中间，顶着不能发稿的压力，一蹲就是一个多月。

衣鹏的大学四年也是在山城重庆的其中一座歌乐山上度过的，能说一口贵州味的重庆话。刚认识没多久就送了我几本大学校刊求“指正”，仔细一看，主编衣鹏。

这座歌乐山有些仙气，山上的几所大学都名人辈出，也便于衣鹏经常以“校友”、“山友”的名义打探消息。

在2012年的重庆，龙门阵可以摆，稿子没法发。在历经各种报题、上版、撤稿的拉锯之后，衣鹏最早接触的那些涉黑企业家成为政局变换之后第一个可写的浮标。

这些资产被处置的过程五花八门，有的直接被打入当地政法委的账户，有的没有严格划分个人与家庭的资产界限，有的先于判决之前就处置资产。

我指导记者不要介入新闻事件，有天衣鹏给我打电话说，“我还是给他们介绍了几位律师，不会影响稿件的”。

期间，他还客串到成都，调查那位十八大之后第一个落马的省部级官员。

略显荒诞的是，这些报道都无法细署他名，有的甚至不能直接提及落马官员，只能云山雾绕一番。

三

跟类型片一样，记者的风格也是有套路的。

一个好的记者要么情商过人，擅长把握对方心理，获取别人无法获得的信息；要么走专业化路线，长于思辨，能系统化思考问题。

衣鹏在革命第三年就完成了兼容。

尤其是后一点进步神速，使得跟他讨论选题成为一个费劲的事儿。

他的思路很快，打字更快。一旦开始讨论，就会有一堆连珠炮信息蜂拥而至，每条百字，无法招架。这个特长不仅辩论无敌，一条极长的百转千回的信息也是衣鹏搞定采访对象和妹子的利器。

他的另一招是深夜长信。

前不久衣鹏轮岗当编辑，就一个伐山造城的选题给记者写了一封数千字的长信，吓得那位记者忙不迭地就打包去出差了，一路上还在慢慢消化这封邮件。

革命第三年，他的文风在写新闻时已经大改，但在写故事时仍不免露出端倪。

一日他对我说，领导，有人替你报仇了。然后发来一段微博吐槽，称他某篇人物特稿的文风如同假洋鬼子，乍一看以为是外电翻译稿，看得肝疼。

我看完哈哈大笑，虽然长期以来都以尊重作者文风特色为口号，保留了他的写作习惯。但文风是个主观的产物，终于有人说出我的心声，不免心下畅快。

衣鹏从不避讳这些，在提交年度作品时也坚持每一篇都认认真真注明不足，以示客观。

不写稿不编稿的时候衣鹏也没闲着。

趁光头大师云游之际，他发力把大师慧眼招入的美女妹子掠为己有，还从四川带回了北京。

你们总得给我时间再招一个人吧。大师在电话里忿忿地说。

（作者系21世纪经济报道特稿部总监）

江艺平点评

在“术业有专攻”的财经媒体做调查类新闻，衣鹏须兼而攻之——既是财经记者，又是调查记者。历练三年，他兼而得之；一路走来，惟甘苦自知。尽管讳莫如深的语境令稿件时时不能署自己的名，迂回曲折的突破终究让真相曝光。他甘之如饴。

篤诚

DUCHENG

吴爱粧

个人简介

曾混迹过国企，与审计擦肩而过，最后安身于媒体。最爱看书，写字，唱歌，旅行，可以确定，此生不变。

PS：近日摘掉眼镜，同事纷纷反映“顿感清新”，这一个新面貌，也许就是下一个新开始。

还不是好记者

年度记者 入选理由

如果她没有在武汉大桥上14次来回行走，如果她没有经历过采访对象把她的采访要求“啪”的一声扔回在地上，如果她没有历经在内蒙一个小镇上孤立无援的绝望，她有可能成为一名优秀的调查记者吗？如果她没有勇敢、坚韧、专业、仔细的品质，如果她没有委屈、柔弱、纠结的情绪，她可以突破自己的地平线吗？

这只是她的一小段路程，这只是她释放的基础能量。她的下一步在于哲学、人类学、自然科学、历史学方面相互认识。

那时，你所见的吴爱粧，是另一个吴爱粧。

记者感言

1

25 岁之前，我并不知道我有机会走到传媒行业。

那时的我还是一个超级文艺女青年。工作之外，每天都看书，写博客，学习弹吉他，有时在 K 房唱某些小众歌手的歌，也给一些小的杂志写稿，还和朋友一起做视频和电子书，全然不像是一个金融系毕业生。

那时执意在做的事情，现在想起来就像是一根绳索，把当时的我和后来的我关联了起来。

当然，B 型处女座还有相当理性的一面。2011 年 3 月中旬，出身贫寒的我从原来的单位辞了职，打算穷一切力气奔向薪资优厚的审计行业。

非会计出身，没有任何审计从业经验，非应届毕业生，说实话审计的大门难以向我敞开。我唯一的敲门砖就是考了雅思，还有 3 门 CPA 成绩。边工作边备考的艰辛暂不赘述，但不论如何，我考过了。

父母都说这孩子多么能折腾。从小就不听话。也不认为自己什么时候能变得听话。一直听从自己的心。一直吃苦头。但还是一直听从自己的心。

我把上一份工作存下来的大部分钱都给了家里。很快在广州租了一间农民房，月租 150 元，不到 8 平米，破烂不堪。刚搬过去头一晚，睡着光秃秃的硬床板枕着自己的衣服，半夜如婴儿般惊醒，然后哭了整整半宿。

那时为了省钱，我每天喝两顿粥，只吃一顿饭。

随后各大事务所的电话铺天盖地而来，北京所至少有 6 家。但我身上剩下的钱，甚至都不够买往返于北京的机票。在广深两地断断续续地面试，辗转于列车与列车之间，有时会突然看不到自己的人生在哪里。

最大的转折在 4 月 15 日突然袭来。焦灼也接踵而至。

那一天，神差鬼使地，有朋友给我发了理财周报记者丁青云的《追新闻的小孩》以及主编助理江勋为她写的《干媒体，要放下纠结》。我突然发现，如果遇到了肯给年轻人机会的报社，也许我能得到一个做传媒的机会。

更确切地是，当时的我，只是想做一份写字的工作。5 月 5 日我终于在 289 号见到执行主编罗周老师时，也是这样对他说的。那时，我兜里揣着不到 100 块了。关于工资的事，我一个字没有问。

罗老师说，你敢来，我就敢要你。

那一夜，是两三个月以来，我第一次能安睡。我习惯逃避的渴望，如久违的朋友终于归来。

当时我已经在广州的一个中型所见习，原先苦心孤诣的所得，一下子就被我像废纸一样丢弃了。

5月16日去报到的时候，我能猜出哪个同事是刘梦，哪个是董兰兰。在这之前，我读过关于我的同事们的一切文字，像罗老师写的《楼里有人》，像谭婷的《理财星座谱》。

戏剧化的是，同一天我接到了普华永道的offer。多么神奇，这就是人生。但我不后悔。

23号，我正式入职。不久就到了深圳新闻中心，见到了用文字把我牵引到理财周报的丁青云。以后每个月的23号，我都会把它当成一个纪念日。

真正的门缝是从万科的报道开始打开的。那是2012年2月，万科等各大房企相继暴露出种种楼盘质量问题。那段期间，我接到爆料，到实地对楼盘进行考察，并“伪装”成业主在住建局远观他们与万科的谈判，很快，我写出了《火山口上的万科：王石和郁亮的新关系冲突》，捕捉到了万科内部微妙的战略纠结。

如今已有20个月过去。

而我，直到今天还在评判自己，能不能做好一个记者。罗老师说，你已经过了很多关了，一关一关地，都过去了。

而我明白，也还有很多很多的关，就像一个一个虎口，还过不去。

这个感觉，就像小学课本上的某篇文章，虽然有人会说“精彩极了”，但自己心里清楚有些地方做得还“糟糕透了”。

像剥洋葱一样一层一层地撕开自己，却又不愿意完全打开，可能就是江老师所说的放不下“纠结”。当然，这是后话。

刚开始我对写稿甚至是媒体本身一无所知。这个事情以及它的背面，远远超过了我最初设想的“写字”。

第一次采访，紧张得声音发抖，手握着电话像是要把它捏碎，恨不得找个地方躲起来，或是快点将通话掐断。

在接触“碎片化”文字、传闻连线、下拉条、财富故事、投资家动态之后，很快，我被分到了上市公司版块。那时，虽说有自学过CPA，但是没有会计实践，财务解读于我依然是云雾缭绕。所幸的是，起初有汪老师和青云姐手把手地教我。

理财周报的上市公司报道和别的报纸不同。它更多是建立在研究和调查基础上的大周期、多角度的逻辑分析，它告诉读者，事物的本质是什么，价值在哪里，前提是你对生物医药、水产养殖、矿产资源，种种的种种，要略有涉猎。

这一块，几乎是我的“责任田”，而作品被我称为“血泪稿”。

第一个独立操作的稿子是《贵州百灵账上趴 8 亿 为什么还要贷 3 亿》，那时不光是对财务运用，对银行、地产业务也是一窍不通，难免焦灼。

于是，只能硬着头皮去找券商分析师了解情况，向在银行工作的同学咨询开发商贷款事项，然后不分白昼黑夜地把历年的财报翻出来找“破绽”，阅读种种相关资料。

代表作品 2

作品名称：美特斯邦威做账秘密

刊载媒体：理财周报

发表时间：2012 年 10 月 15 日

作品影响：独家获悉美特斯邦威如何压货，如何通过内部系统调节报表，如何导致核心人员大量出走，在服装行业以及关注服装行业的机构中引起了惊人的反响。

这是一个如何神奇消化存货粉饰漂亮报表的局

美特斯邦威做账秘密

理财周报记者 吴爱魁/深圳、贵阳报道

10 月 20 日前，美邦服饰(002269.SZ) 的加盟商们将前往美邦上海总部，参加 2013 年春装订货会。会上可能会发生美邦和加盟商之间，有史以来最激烈的交锋。

“这次订货会我们面临的压力可能会非常大。”一名西区加盟商向理财周报记者表示担忧。

加盟商所言的压力是指美邦强制他们接受的巨量库存。

去年底，美邦服饰曝出 25.6 亿库存压仓。压力之下，董事长周成建大骂高管“三蛋一不”，即混蛋、王八蛋、瞎扯淡、不作为。

为消化库存，周成建走了另一种极端。多名核心知情人士均向理财周报记者证实，2012 年上半年，美邦服饰 8 亿库存的消化，涉嫌虚假销售和人为调节收入。与此同时，这个中国最大服装公司还发生了大规模人事变动，直接导火索正是以激进方式处理库存危机。

一名前美邦员工表示，离开的原因是出于“委屈”和“恐惧”。

他说，美邦正在往巨大的危险滑落。“内部员工失望，外部加盟商绝望，供应商无望。”

加盟商压货之痛

美邦服饰将全国划分为东南西北四个销售大区，2012 年上半年，东南北三区销售都实现增长，只有西区销售额同比下降。

在重庆、成都、贵阳等地，美邦累计销售 4.35 亿，同比下滑 5.9%。“重庆、成都是直营店，压货最严重的是贵阳。”前美邦员工告诉理财周报记者。

10 月 10 日上午，理财周报记者来到贵阳。市中心 3 层楼高的美邦门店里，往年的旧款冬装、夏装正打 7 折，但无人问津。

这是贵州省最大的美邦门店，一名女店员操着一口贵阳话告诉理财周报记者，“销得不好。像旧款，别人去年已经见过了，打折也卖不出去。”而在陈列新品 TAGLINE 的 3 楼，更是没有一个顾客。

马路对面的另一家门店，店员比顾客还多。一楼播着周杰伦的《稻花香》，二楼播着更吵闹的 rock，音乐在空荡的店堂中回荡。“今年确实卖得不好。”一名店员显得有些沮丧。

在附近上班的小米告诉理财周报记者，“每次路过美邦基本上都能看到在打折，今年的情况特别明显。冷清也不是最近的事情了。”

理财周报了解到，国庆中秋黄金周，个别加盟商业绩出现了 50% 的下滑。逼不得已，加盟商纷纷开始打折销售，但如果美邦不提供补贴，打七折已经让加盟商陷入亏损。

“我们以五七折从美邦进货，加上运费以及道具费用，成本大概是标价的 60%。商铺租金要占到标价的 15%，如果是商场柜台就要提高到 18%。加上 7%至 8%的人员成本，我们是卖一件赔一件。”一名美邦加盟商向理财周报记者抱怨。

对此，美邦在贵阳第一大加盟商“骁文商贸”谭姓负责人表示“不便评论”。

和西区情况类似的还有北区。虽然北区实现 8.44%的销售增长，但“黑龙江、石家庄、大连、青岛等地的经销商压力最大，秋冬装压得最厉害。”美邦前员工向理财周报记者透露。

在美邦的存货中，占比最大的就是秋冬装，为了化解上市公司的库存，美邦选择将库存压力转嫁到经销商头上。“公司往我们这里运的冬装最多。”

》下转 A5

那一周，是我第一次在周四晚上留在空荡荡的办公室写稿到深夜。

报道出来后，北京的同事鼓励我，“XX 报剽了你的稿子哦，强啊。”当然，我的名字，也开始被搬上了股吧，被猜疑，被谩骂。

前半年在理财周报，是在一种无意识、混乱的状态中度过的，也可以说是野蛮生长。就像是古代行军打仗，只要号角一吹响，穿上战衣，就得义无反顾地往前冲，往前杀。

现在回忆起来要感谢起早贪黑的那一段。每天 7 点多我就会准时出现在办公室，很快物业搞卫生的阿姨就会尾随进来，和我打招呼，趁人少早早地收拾。

那时的我，还不是特别分得清什么是好选题，也不懂怎样找选题，面对几千家上市公司如同茫茫大海捞针，丝毫不得章法。

焦虑是必然的。有时在周末我会跑到 K 房，唱上七八个小时，仿佛那样，就把身体里的压力清空，好在下一个周一重新出发。

感激的是，即便青涩若此，老师们还是安慰我说，不急不急，水到渠成。

真正的门缝是从万科的报道开始打开的。那是 2012 年 2 月，万科等各大房企相继暴露出种种楼盘质量问题。那段期间，我接到爆料，到实地对楼盘进行考察，并“伪装”成业主在住建局远观他们与万科的谈判，很快，我写出了《火山口上的万科：王石和郁亮的新关系冲突》，捕捉到了万科内部微妙的战略纠结。

当时，这个稿子上了新浪的头条，一些长期跑地产线的前辈对我说，写得不错。

从那时起，我所做的上市公司报道，在纯研究和采访之外，多了实地调研的元素。

3 月，我第一次出差，到广西崇左调查中粮屯河的定向项目。4 月，毒胶囊事件曝光后，我又去了广东茂名考察青海明的子公司。5 月，理财周报对一家金融数据拟上市公司的财务造假进行了为期三周的全面起底。期间我去了两趟武汉。

事后我做了个统计，武汉长江大桥我往返了 14 次，横跨了武汉的 4 个区，在光谷软件园来回晃荡了 10 次，深圳和武汉两地的税务局去了 3 次，上门拜访了 3 家券商，去了 1 趟大学、2 趟事务所、1 趟工商局和 5 趟公司，拍了 92 张照片。

那段时间，每天醒来就在如家打包了一份早餐、打印几份采访提纲即杀出去，蹬着 10 厘米的高跟鞋形色匆匆地出没在武汉的几大区域，有时烈日当头，有时大雨滂沱，内心却一直滚烫。

这组选题做完后，主编夏日在专栏里写到我，说，好长时间都以为她是一个极文静的女生。他是敏锐的。不过，B 型处女座永远都是，有你意想不到的截然不同的另一面。

作为奖励，罗老师有一天突然在腾讯通上对我说，姑娘，全国选一个地方，快乐地去玩吧。

我感激他。

6 月再次到广西调查南方食品，8 月去湖南吉首调查酒鬼酒。一下子，我成了“出差大王”。有许多女记者问我，一个人去出差，你不怕么？我常常是笑笑地，将这句疑问径直当成设问句。

很快，新的挑战如洪水般漫过来。理财周报正式改版，多了独家报道，上市公司版面也有所扩充。持续了一两个月，我常戏称自己上的是“早中晚”三班，有时也和同事胡扯，为嘛我还没进医院。

9 月，开始尝试做独家报道，如果说《“举牌狂人”黄茂如 7 年狙击 5 家公司净赚 42 亿》还不算真正意义上的独家，那《西北矿业 44 矿权调查：资本跃进甘肃探金矿路线》应当是绝无仅有，隶属“无米之炊”。

第一次领悟到，我还可以把公司写成别的模样。罗老师说，一打开，天地宽。

很快，我又有了另一个称号，“封面女郎”。

随之，10 月，我写的《美特斯邦威做账秘密》，在资本市场掀起了轩然大波。有同行告诉我，报道出来的那一天，他们开会时领导指着我的稿子狠狠地批评他们，怎么就做不出来这样的稿子。

11 月，《朝华科技重组东升庙矿内幕 原重组方大赚 8 亿》和揭秘朝华刘建民百亿矿业帝国 东升庙矿内蒙调查》两大报道相继出炉。

而在这背后，是让你欲死不能的压力、焦虑、孤独和辛劳，有时也会忍不住恶狠狠地赌气说，“不干了。”

这是这一年半以来，我走得最远的地方，也是唯一让我哭泣的一次。深圳飞呼和浩特 2206 公里大约 5 个小时，从呼和浩特中转去临河是 400 公里，5-6 个小时的车程，临河到东升庙 50 公里，1 个半小时的车。

零下几度的大晚上，生理不适痛不欲生，一个人坐在北国的某趟列车里，开着电脑看资料和准备提纲，寒风从窗缝钻进来，脑壳直疼。

不知道是怎么的，最后倒是轻轻地把电脑合上，安安静静地哭了，眼泪簌簌而下，无法抑制，干脆放任。

凌晨在车上，编好了一条短信要发给青云姐，差点要发送出去说“不干了”，很快另外一股力量又把我拽了回来，最后还是一字一句地又删掉了。

这是一个有魔力的地方。它让你的能量发生质变，也让你经历爆破般的痛苦；你心里爱它，却也恨它；你埋怨它，却又离不开它。

它是青春，是家。

（作者系理财周报记者）

围观爱粧 3

安静女子的力量

丁青云

第一次见到爱粧，是在深圳办公室门口。那天早上不到 8 点，她就在办公室门口等我。

很久以前，这个素昧平生的女子，看过我两年前获得集团年度记者时写的《追新闻的小孩》后，辗转着找到罗老师，说要加入《理财周报》。她甚至给我写了一封信，但中途被丢了，以至于很久以后，我常常想，爱粧到底要和我说什么？不知道在理财，她是否找到了自己想要的东西。

爱粧和我一样，是做财务出身，不甘于在中国人寿日复一日的财务工作，跳了出来。爱粧给我的第一感觉，很安静，有着典型的财务人员气质。她总戴着一副厚厚的黑框眼镜，让我忽略了人家其实是美女杀手一枚这一事实，直到她今年年会惊艳亮相。

第一次见面，我心里竟是隐隐地担心和不安，她和我一样，莽撞地进来了，这很可能并不适合她。我更为不安的是，我无法确定，我所偏执追求的东西，是不是别人所要的。

但仅仅一个月，我的想法被颠覆了。爱粧没有经过我所经历的痛苦折磨期，令我刮目相看。来深圳半个月，爱粧写了一篇《贵州百灵账上趴着 8 亿 为什么还要贷 3 亿》的报道。看到稿子时，我愣了半天，这根本不像一个刚入行的记者写的稿子。惊喜，振奋，继而是羞愧。因为，4 年前，我几乎经过了半年的折磨期，才交出勉强及格的稿子。

后来，我才了解到，为了来理财，爱粧做了充分的准备工作，读了很多同事和同行的作品。我开始对这个安静的女子，心生敬意。

而她还是一样，每天早早来到办公室，顶着厚厚的黑镜框，一页页地查公司公告。那是一段艰苦作战的日子。她和我一样，除了养活自己，还要供弟弟妹妹上学。但她几乎没有抱怨过。很长一段时间里，我感觉到她只是安静地写稿，心无旁骛。

爱粧几乎是我见过的最认真的同事。同样是一个主题稿，她比别人多

杨庆婉：爱粧做新闻从来都是严谨的，她并非新闻科班出身，不知道所谓的尊重事实和客观公正，她的严谨来源于她踏实、负责任的处事态度。她的报道鲜有浮夸，总植根于不厌其烦的采访和扎实仔细的研究。她很勤奋。看报告时脸凑近屏幕，敲键盘的声音尤其用力，有时我感觉身边的她不是在做记者，而是在做审计。

花了至少一倍的时间。哪怕是最简单的稿子，都要打遍所有分析师的电话，看完所有的公司公告，看完其他同行的报道。她可以把自己关办公室一天，只要给她一台电脑和一座电话机。

我仍然暗自担心，这样一个聪明却安静的女子，如何适应瞬息万变的传媒行业？她和我一样，天生不善应酬，亦不爱出现在人多的场合。有段时间，我甚至发狠，把爱粧尽量赶出办公室，多和外界接触。

直到有一天，我突然发现，她安静中爆发出的惊人力量。2012 年 5 月，我和爱粧合作对一个叫财富趋势的拟上市公司，做了为期一个月的调查报道。在近 3 周的调查，她往返武汉长江大桥 14 次，穿越了武汉的 4 个区，10 次在光谷软件园里晃荡，去深圳武汉两地的税务局 3 次，上门拜访了 3 家券商，去了一趟大学，2 趟事务所，1 趟工商局和 5 趟公司，共“咔擦”了 92 张照片，“炼成”了 2000 元的士费。

请注意，在十数次穿越长江大桥间，爱粧同学一直穿着她那著名的高达 10 厘米的细高跟鞋。她第二次赶赴武汉时，我亦随行，财富趋势离上市审核只剩下最后两天时间，双方精神高度紧张。有半个小时的时间里，我们的手机和编辑部失去了联系，罗老师和编辑焦灼万分，担心我们在武汉遭遇不测，十数个电话涌来，但我和爱粧竟浑然不知身涉险境。

等我们打开电话，竟然发现如此多的未接来电，大笑了之。我突然发现，这个安静的女子，骨子里蕴含着惊人的能量，沉着的力量。

而去年 10 月爱粧做了另一篇稿子《美特斯邦威做账秘密》，也掀起了轩然大波。我们是在半夜 12 点做出决定，从贵阳门店开始突破的。从决定出发到第二天 6 点出发，时间非常仓促。爱粧同学又一次马不停蹄地飞往了贵阳。这一次，她的纪录是，当天往返贵阳。

这一年，据我不全统计，爱粧是深圳新闻中心出差最多的同事，从广西到贵阳，从长沙到武汉到内蒙古，以至于有一段时间，我见到爱粧同学忍不住心怀愧疚。爱粧同学出的最长一次差，是调查朝华科技拟收购的东升庙矿的那一次，在 7 天时间里，她近 5 天时间在坐车，辗转到内蒙古一个偏僻的小镇，每日一边吃方便面，一遍哈气打字。

这一段时间，爱粧同学安静温柔的个性，竟然发生了质变。我美其名曰："在理财，彪悍的人生不需要解释。"

魔鬼般训练，带来的是惊人的成长。这个外表安静的女子，掩饰不住的是，与生俱来的拼劲和狠劲。有同事如此，夫复何求?

当然，与报道的犀利风格不同，爱粧在生活中，一如既往是典型的潮汕温柔女子做派。据了解，已有男同事感叹爱粧已经罗敷有夫，痛失良机，只能将之定为理想对象的标准模板了。

我们曾经数次长谈，包括对职业生涯的茫然与纠结，人生的得与失。那么多人选择了放弃努力，唯独不见你轻易说一声放弃。我们可以纵声哭笑，放声大骂，为所有真实的人生。但无论多么艰难，一起走过，便是难得。

我心里隐秘地希望，在很多年之后，你仍然记得当年那个一如既往的自己，并真真切切对自己说，在这条路上，你看到了最美的风景。

（作者系理财周报记者）

江艺平点评

21 报系的财经女记者，常有不鸣则已一鸣惊人者，吴爱粧就是其中之一。有赖报社的魔鬼式训练，更赖本人的偏执式笃诚，小女子行走江湖不到两年，渐已名动江湖。她坚持用脚步丈量新闻的深度，不走捷径，反而成为抵达真相最快的那个人。

忘我

WANGWO

张由琼

个人简介

祖籍广东潮州，从小随父母旅居海南，初中与爷爷奶奶老家相伴，高中迁至广州。2006 年毕业于广东外语外贸大学，最喜欢的事情是踢足球。从小山村到大城市，一路走来，心存感激，愿做棵谦卑的青菜。

热血青春在寂寞岁月中度过

2012年度记者 入选理由

张由琼身上透着一股拼命三郎的气质，表面随和，内心却十分倔强。2012年，他在偏僻山区驻过村，神九飞天、着陆时当过“特工”，为捕捉白海豚的瞬间镜头海上暴晒8小时，彻夜寻找挂网的候鸟，即使在陌生的伦敦街头也能左右逢源。天道酬勤，多年努力终到开花结果之时。

记者感言 1

草原上那条横跨天际的大银河

凌晨一点半，伏在牧民的摩托车上，我们像脱缰的野马在阿木古郎大草原上狂奔，颠簸让我的胃翻江倒海，无意识仰头看天空，惊呆了，一条跨越天际的大银河，漫天的星星在一闪一闪，而远处居然有几片云朵因碰撞产生道道桔红色的闪电，映亮了它们的轮廓，虽然从小在山区长大，但我也从未见过如此壮观的美景，很有掏相机的冲动，可是我不能。

突然，摩托车熄灭灯，在黑暗中前行，没多久，轮胎打滑，我们滑倒沙坑中，疼痛瞬间将我从美景的幻想拉回到现实，没错，其实我们是在逃命，熄灭灯是因为前方出现个小山丘，灯光照在反射物会引来不远处哨所的探照灯，迅速扶起车子，继续狂奔。终于到了非常隐蔽的落脚点，一个多年没住人已经破烂不堪的老房子，已是拂晓时分，抬头看星空，它已经变得黯淡无光。

就在 12 小时之前，我和搭档赵杨还藏在牧民家一处放置杂物的屋里，这是我们躲藏的第 3 天，正当我们边啃着饼干边瞎掰些报社八卦时，外面传来汽车的引擎声，紧接着是急促的脚步声，估计是检查完了人住的房子，这间羊圈旁的杂物房外人声越来越嘈杂，屋内没处躲，我们俩平躺在炕上，用又臭又脏的烂被褥盖着，回想起来，这藏法与掩耳盗铃一样愚蠢，有人爬上窗户顶，往里面照手电筒，叫嚷着缴枪不杀之类的话语，我们无动于衷，内心却还是很害怕，彼此都能听见对方大口喘气甚至心脏急剧跳动的声音，撬门未果，他们开始大力踹门，最后结局如同电视剧里的一样，一群大盖帽蜂拥而入，将两名“嫌疑犯”逮捕，只是这两个“嫌疑犯”从小都是品学兼优，爱祖国爱人民的好同志，从未干过伤天害理的事情。

被押往公安局的路上，蔚为壮观，两辆警车一前一后，中间十余辆各媒体租的越野车，塞满了各路记者。审讯室里第一次被若干人拿相机近距离闪个不停，也终于能体会平日里被我这样拍摄的人的感受了，墙上贴满神舟飞船以及宇航员的标语，在我看来真是莫名的讽刺。在核对证件签了保证书后，我们被驱逐出红格尔苏木，因为没车，警察好不容易找来一辆快要报废的小吉利，狭小的车厢挤了 6 名大汉，苦不堪言，心里更是万分沮丧。路上见到几个此前一同被抓的同行，居然停在草原边上开心地合影留念。

出到四子王旗，天色已黑，两人面面相觑，本已饥肠辘辘，吃起东西却味同嚼蜡，实在不甘心，几乎是同时，两人一拍即合，决定再闯一次，搭档是个小胖子，浑身充满着能量。牧民也愿意在里头接应，前提是我们得先过已设下的多道关卡。拦了一辆跑营运的小车，司机很年轻，副驾坐着个女生。路上女生主动说，她是司机的妻子，白天上班，晚上没事就陪丈夫跑跑车，这样他开车时就不会太无聊，希望我们不要介意。之所以费些笔墨，一是我非常钦佩这样相濡以沫的爱情，二是她的坦诚让我们也表明了身份和目的，正是如此，他们倾力相助，帮我们绕过几个关卡。

我躲藏到公园角落的树林里，等待他们的消息，我已完全放弃继续采访的念头，只期望三位被抓到公安局的同事不要被过分为难，毕竟其中还有一位女记者李秀婷，正是这名勇敢的女生借需要换衣服的名义，临走前关上门，把我最需要的电脑等物品踢入床底。

到了离红格尔苏木不远的一道关卡，他们无法再帮我们，牧民则在一公里外等着。我们干了件至今仍心有余悸的事情，匍匐着爬过草地，绕行哨卡，小心翼翼躲避四处扫射的探照灯，我们甚至还可以看见远处几架搜救直升机，心情极度紧张，让我仍清晰记得那股青草的味道，几百米的草地，好似花了数年光阴在爬行。随后就出现开篇的一幕，再接着就还算顺利，放弃大包裹，乔装成牧民，跟着天空中的搜救直升机，摩托车向神九返回舱落地的方向驶去……

他们牺牲自我，保全“漏网之鱼”

俗话有说，祸不单行。此前还有一次被抓捕的经历。在神九升空的时候，我们费尽波折潜伏在酒泉卫星发射基地内，因为与后方沟通的失败，导致 6 名候选宇航员提前亮相的图片在网上疯狂转载，我们因此被基地宣传处和保卫处列入黑名单，全城搜捕。对此我并不是太在意，毕竟身份是隐藏的，在保密住所减少与其它媒体同行联系同时，我对这片大漠戈壁深处的神奇绿洲仍抱有很强的好奇心，并邀一位相识不久的朋友用电动车带我四处看看拍照。世事难以揣摩，约定的那天突然刮起沙尘暴，只好待到第二天一早出发。没过多久，我就接到同事打来又挂断的两通电话，意识到可能出事。我躲藏到公园角落的树林里，等待他们的消息，我已完全放弃继续采访的念头，只期望三位被抓到公安局的同事不要被过分为难，毕竟其中还有一位女记者李秀婷，正是这名勇敢的女生借需要换衣服的名义，临走前关上门，把我最需要的电脑等物品踢入床底。大西北的夏天格外长，晚上9点半天都还没黑，漫长的一天我已想不起是怎样捱过来。终于等到同事们安全出到两百公里外的酒泉市的消息，他们在严厉的审讯中揽下了所有“罪状”，保证没有残留“同伙”，我暂时应该是安全的，为了集体的荣誉，我必须抖擞精神继续战斗下去。想办法拿到了他们留给我的行李，在居无定所之际，新快报的同行收留了我。

宇航员出征仪式和神九发射的那个下午，焦躁不安的我最后关头得到了兰州晨报同行的大力帮助，一张普通的参观证件，虽然并不足以让我去到记者席最佳的位置，但对绝处逢生的我来说，只要给一块敲门砖，我就能去到！一番偷蒙拐骗，我如愿以偿。火箭升空之时，大地颤抖，烟尘滚滚，场面十分震撼，我发自内心地为祖国感到骄傲。在用龟速的网络成功将所有稿件传回报社

代表作品 2

作品名称：鸟殇

刊载媒体：南方日报

刊登时间：2012年12月1日

作品影响：长期以来，广东雷州半岛都有吃鸟捕鸟的风气。见报后，当地政府进行大规模的清查鸟贩、清拆鸟网，以及大力宣传保护候鸟的行动。让更多的候鸟能够自由迁徙。

视界 12

鸟殇

图库后，几天来沉重的精神压力如释重负，长舒一口气。

写到这里，赵杨发来了围观我的2000字稿，我点开一看乐了，不愧是默契的好搭档，连写作手法都惊人相似，原来他也惦念着那条草原上的大银河。虽然他要忙着跑省两会，但我还是略带惭愧地要求他写，也知道他一定会写。之所以如此详细描述神九采访的经过，也是因为深有体会在此类报道中，团队作战的重要性。这一年幸运地获得南方日报最佳员工，并被推荐南方报业年度记者，我特别想与所有一起搭档过的文字记者们分享，没有他们就没有我，能在一个个团结又勇敢的团队里工作，我感到非常荣幸。

回眸南方路

2012年除了在酒泉当过“间谍”，内蒙做过“特种部队”外，我还在山区里驻村当“村民”，在英国伦敦“绅士”般地工作一个月，也有幸扮演野生动物摄影师的角色，在珠江出海口寻找白海豚的踪迹，在雷州半岛的田间地头探寻候鸟之死……感觉就像做了一场梦，与往年大不同。

回眸通往南方报业的路，南方都市报深圳站摄影记者韩一鸣和亚牛为我奠立了基石，前者是我的实习老师，他让我坚信一个

代表作品 2

作品名称：大漠戈壁小镇成世界瞩目焦点

刊载媒体：南方日报

刊登时间：2012年6月17日

作品影响：这是神九飞天报道中，除了动态报道外，以图片专题形式向读者介绍东风航天城，这个大漠戈壁深处的绿洲生活着三万为航天事业做贡献的官兵及其家属，他们的生活和外面的世界，有很多相似，也有很多不同。

天人合一 神九载人上“天宫”

大漠戈壁小镇成世界瞩目焦点

能拍出好照片的人必定具有极其另类的个性，“我从不和别人挤在一堆拍照，就算拍得差，也要与众不同”，“碰到牛人对手，不是胆怯，而要兴奋，因为这是个战胜他的机会”，“待人接物要谦和，拿起相机时一定要孤傲”，“我几乎不带实习生，真要带了，我希望他能成为最优秀的同行”，这些他曾和我说的话至今已成为我工作中坚定的信条。那会实习的条件并不好，我只有一部傻瓜数码和一台胶片单反机，亚牛鼓励我多用胶片，并给了很多胶卷，为了对得起每张昂贵的底片，每次摁下快门我都经过深思熟虑，发稿之前还得花很多时间冲胶卷扫描底片，正是那些等待中的思考，让我进步飞速，也习惯了牛叔每隔几天就会主动问，小张，把最近拍的照片给我看看。为了有更多的采访机会，很多个夜晚我睡在报料房的沙发上，“实习生，起来跑报料啦”的声音时常还在我耳边响起。美好的实习经历以及导师的人格魅力让我对南方报业充满无限向往，我无法想象毕业后不能在那里工作会是什么样。

2006 年，我如愿考入南方报业，却阴差阳错分到了南方日报，对于这份省委机关党报，坦白说，起初知之甚少。更悲催的是培训后的第 3 天，我下站了，爱的人却在广州。车子驶入佛山时，天空下着小雨，让本已破旧的老城区显得更

代表作品 2

作品名称：拯救海洋精灵白海豚

刊载媒体：南方日报

刊登时间：2012 年 8 月 25 日

作品影响：在世界上最繁忙的水域——珠江出海口，生活着一群素有“海上大熊猫”之称的中华白海豚。如同青藏铁路修建中藏羚羊的保护成为焦点话题，港珠澳大桥建设也面临着中华白海豚保护的世界级课题。历时数周的调查报道获得了广东省省长朱小丹的批示。

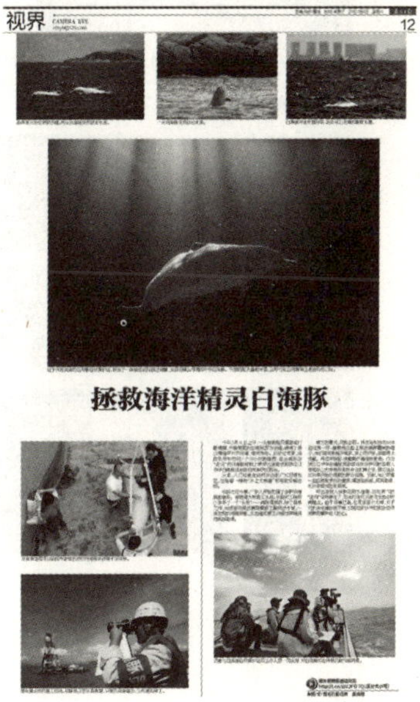
视界 12

拯救海洋精灵白海豚

代表作品 2

作品名称：时光啊，慢些走……

刊载媒体：南方日报

刊登时间：2012 年 9 月 22 日

作品影响：这是一组在老人院内观察患有阿尔茨海默病的老人的图片，引发社会反思：忙碌的人们应该停下来，关心身边渐渐老去的亲人。

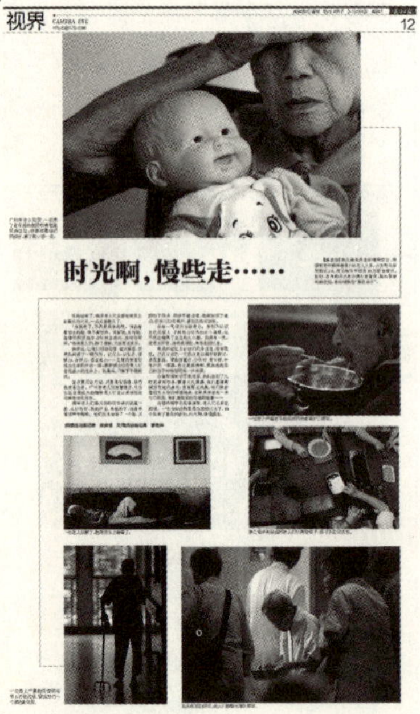
视界 12

时光啊，慢些走……

加残败，内心却依然充满期待，坚信着只要努力，贫瘠的土地也能开出鲜花。没过多久，突然又有了梦寐以求的机会，我彻夜难眠，最后放弃了，原因说了没人信，这里给了我第一份工作，还没感恩就一走了之，太不讲义气。于是一呆就是五年半，记者站的工作也很忙碌，就是比较琐碎，热血的青春在寂寞的岁月中地度过，寂寞让我的头脑愈发冷静，棱角被慢慢打磨，内心对最初梦想的执着却有增无减，感谢那段驻站日子，给了我很多时间读书学习，以及踢最爱的足球运动，也让我明白每件小事情都认真做好,机会来了就会游刃有余。2008 年汶川地震没能参与报道，是我一生的遗憾，每天要么在电视机前守候震区的灾情，要么在电脑前搜寻各大通讯社拍摄灾区的图片，备受煎熬，真觉得自己快要撑不下去了。就在当年年底，某个下午，MSN 突然闪了一下，部门最出色的摄影记者严亮发来个笑脸，他是报社第一个获得三次最佳员工并被颁发杰出贡献奖的记者，骁勇善战，立功无数，可惜我驻站，几乎没有打交道的机会。他说，虽然在记者站，但我觉得你拍得挺不错的，继续努力。一个温馨的鼓励，瞬间又让我满血复活。一路走来，心存感激。每当撑不下去或是危难之际，总有良师益友出手帮扶，有过风雨，却也总能见彩虹。

在写这篇稿子之前，担心文笔太差被笑话，一口气翻看了此前三年南方报业年度记者的自述，倍感惭愧，甚至有些不安，山外有山，太多值得学习的地方。随着年纪的增长，梦想二字越来越难以启齿，唯有在夜深人静的时候，对自己默默说声加油。我热爱着这份工作，一如最初。

（作者系南方日报摄影记者）

代表作品 2

作品名称：伦敦：温和包容的城市

刊载媒体：南方日报

刊登时间：2012 年 7 月 28 日

作品影响：这是伦敦奥运期间除了动态报道外，三个图片专题之一，盛会有南方。

畅享英伦

伦敦:温和包容的城市

LONDON 2012

围观
由琼
3

我和张由琼的那点刺激事儿

赵 杨

7月的内蒙古，一个草原之夜，12时左右，我和张由琼背着包袱，循着一位牧民朋友为我们专门打出的“信号灯”，摸着路，趟草原、翻山坡，向草原的深处挺进。偶尔，我们也会仰望夜空，一条银河清晰地划过天空，繁星密布。如果不是这种类似逃命般的行军，我想真应该停下来坐在草原上，思考一些人类的终极命题。但是，当时的我们只能脚踏实地，躲过路卡和时而呼啸而过的巡逻车，直奔神九的着陆点——阿木古郎草原深处。

不要误会，我们不是间谍，也不是特工，只是两个想报道神九降落这一新闻的党报记者。期间，我们被公安抓过。但为了记者的荣誉，我们重返“阵地”，继续采访，直到胜利。胜利的时候，我们自豪，但也失望，因为我国的国防安全真的让人很担心。

在酒泉发射中心

公安搜捕三天三夜终将我们搜出，张由琼“漏网”，独留两天完成发射报道

想形容一下张由琼是个什么样的记者，“靠谱”这个词一下子就蹦出来了。

张由琼的确是个靠谱的记者，神九飞天的报道，最后时刻，全赖有他，孤军奋战，完成了采访任务。

2012年6月，文字记者我、李秀婷，摄影记者张由琼、梁文悦四人组成报道小组，前往酒泉卫星发射中心，报道神九飞天。通过各种手段，我们成功进入这个守卫森严的军事禁区，并成功地完成了诸篇权威采访。

6月11日，我们的一张照片引起了国内外的轰动，而我们却变

尹辅华：2006年，黑瘦的小将张由琼屁颠屁颠来佛山，第一晚他已把新闻理想挂嘴边，有木有！2008年，汶川地震，热血小将终未成行，他自问还有戏唱吗，有木有！2012年，五年同事兼基友的小将回了广州，他立下一句，今年将大不同，有木有！2013年，南方之夜小将终成小匠，收获十佳员工，老友把酒言欢言无不尽，有木有！

李秀婷：镜头是你的眼睛，你用图片来给生活写诗。你是理想意义中的新闻人，敬业，真诚，浑身散发着光芒！

成了那里的“通缉犯”。这张照片拍有3名准备进入神九的航天员和3名后备队员来到酒泉卫星发射基地后参加升旗仪式的情景。因为航天员是谁一直是个谜。所以我们抢先发布，并刊登到了南方日报的封面。

随后的厄运都由此引起，基地的公安开始全程搜捕我们，不惜通过威逼利诱其他媒体的手段。但由于我们的居所隐蔽，我们还是安稳地度过了三天三夜，完成所有对技术、专家的采访。

眼看还有两天就是火箭发射的日子，曙光即现，却被警察发现，幸好张由琼大清早外出拍照，只有三人“落网”。在离开发射中心的路上，我们告知了张由琼我们的动态。后来，才得知，他由于不敢回住地，也不敢随处乱走，一个人躲在公园独自等待了一天，直到天黑才在一个新闻朋友的住处落脚。对他来说，战友被驱、独一人奋战，面对陌生环境和艰巨任务，压力可想而知。

当晚，我准备再次约上“内应”，再闯发射基地。无奈最后“二进宫”的计划遂搁浅。于是，我们只能寄希望于张由琼，并寻求各种资源，希望能帮助张由琼进入。最后关头，幸得一位老朋友的帮助，同时也靠着自身顽强的突破能力，张由琼圆满完成出征仪式和神九发射升空的采访任务。

胜利后，张由琼与我们汇合。我念着“大风起兮云飞扬、威加海内兮归故乡”迎接了这位孤军奋战的英雄归队。

在阿木古朗草原

我和张由琼被“捉奸在床”但又坚决重返“阵地”直到“偷拍”成功

走出了酒泉，我和张由琼又结伴奔赴内蒙古草原，并上演了两进草原的惊险故事。

6月27日，我和张由琼赶到了神九即将降落的阿木古朗草原。从次日起，草原将会被戒严，公安也会在此开展全方位搜查。虽然，我们要求牧民将我们转移至他的一个荒废的旧房内，这位牧民信誓旦旦地说，没事。让我们呆在他家羊倌的房间里，不要随意走动，他和妻子去红格尔打探消息。

下午4时左右，悲剧发生了。两辆警车开进了牧民的小院。一位警察拉我们这间羊倌的小门，发现房门被反锁，于是开始猛拉。我和张由琼藏在一张被子下，不敢作声，但说实话，彼此都能听到对方的心跳和紧张的呼气声，甚至眼镜都有点朦了。我们的坚持是寄希望于警察不敢擅自惹怒牧民，放弃搜查。岂料，这是一群认真负责的警察。最后，门被破。我们被查出是记者，被带回公安局。

经过一番盘问，我们被公安派车送至四子王旗县城，但当晚10时左右，我们又绕路回到了进入草原的最后一个哨卡500米的位置，便有了开篇时的那一幕。凌晨3时，我们再次回到牧民家中，商量次日神九降落如何突破各道防线的事宜。凌晨4时，我们被搭载着进入一座荒舍，此屋有门无锁、有框无窗，一部分屋顶已经塌下，露出茅草，土炕无席，残桌有土。顾不得礼貌，我们迅速将其霸占，以得片刻喘息。但一夜未眠。

早上6时40分，在探得此次神九返回舱落地戒备极其森严後，我们改变了策略，穿戴上牧民装束，学上几句当地口音，不带任何行李，放弃大相机，搭载着牧民的摩托车，一路上经过5道路卡，我们绕关、闯关前行。在神九降落仅8分钟后，我们便抵达了距神九800米左右的位置观察现场情况，张由琼在人群中隐藏起来，寻机拍照。随着安保人员的陆续到达，警戒线也随即圈出。绝大多数牧民被拦在2公里以外远观降落现场。得知11时左右，航天员将出舱，我们在牧民的帮助下挤入到距返回舱100米左右的位置，拍摄报道。并在3名航天员再次露面的时候，走到与英雄们不足10米的位置，近距离感受欢乐。

现在想想当时的张由琼，过每一个哨卡时的紧张；回程时的自信与喜悦；纵马驰骋草原后喝下三碗白酒后的豪放，皆历历在目。

难得在2012，和张由琼有过此患难与喜悦的经历。若有再度纵马驰骋时，愿再怅寥廓。

（作者系南方日报记者）

江艺平点评

忘我，敬业，真诚，是好记者的通行证。即便遭遇天罗地网的封锁，上帝也会为这样的记者打开另一扇门。张由琮就这样感动了上帝。做记者，是一门手艺活，也是一门良心活，他苦在其中，乐在其中，印证了自己，也印证了天道酬勤。

坚守

JIANSHOU

张燕

个人简介

从中南财经政法大学会计学院到北京师范大学现当代文学硕士毕业，典型的"弃商从文"，从《时代人物周报》到《南都娱乐周刊》，写时尚生活，再到专攻娱乐，追求做有趣味的新闻，生命中既然有不可承受之重，便让那些"轻"去平衡。

坚持着从菜鸟变老鸟

2012年度记者 入选理由

在新闻第一线和幕后操手之间交叉跑动，张燕的冲劲儿和执着，早从她一篇篇惊艳扎实的报道中见到了。从起底张艺谋张伟平17年情谊反目，到破解李晨张馨予石头之谜，还有论证《泰囧》票房奇迹的缘由，作为娱记从火线上发回的这些报道，不仅贡献了第一手新闻，也在见证中国人的娱乐生活变迁。从中我们也能看到一名优秀记者的专业和执着，还有破冰之方和超强的执行能力。

记者
感言
1

有同行写书曰“一不小心做娱记”，基本上，我也是在茫然四顾中得益于一个朋友的力荐方闯入娱乐大门。诶？这点和很多明星自述相似——啊，当年我是陪朋友、同学、邻居家小孩参加比赛——果然娱乐就是我的命运嘛。只是天再降大任于我，一开头还是菜鸟一只，周刊初创期的编辑同事们恐怕最怕收到我的稿子，因为必得他们大刀阔斧的修改，方能摸准一点娱乐周刊讲究的“悦读”门道，在很漫长的一段岁月里，惶恐是我的关键词，几乎经常在下印厂时被撤稿的噩梦中醒来。不是没有更轻松地选择，最终我决定坚持下来，当然是搵食艰难，但更重要是我不想认输。

娱乐血肉史

这是个容易迷失方向的行业，它有太多光鲜亮丽和浮华八卦，尤其常常在名人光环的笼罩中，渐生错觉是可能的，我有一众好友，凡见我必问八卦，而另一票低龄亲戚，总企图从我这里获取他们偶像的照片签名，至于那些数不清的媒体场，艺人亲友场，都有意无意地在帮你区分身份，最有趣的是有朋友曾打电话来问我，是否可以搞到一张媒体场的电影票，客户指定，为的就是享受这种优先感觉。但接下来你得面对这样的现实，一篇甚至远非批评的稿件，会引来无数粉丝纠缠说理或谩骂，原因可能只是你写到了偶像的恋情。又或者电影公司会趾高气扬表态，鉴于你写了我们电影的负面意见，那么下次你就不能提前看片了。至于那些动辄围绕七八位工作人员的明星，在苦苦等待多时后给你 20 分钟专访还附带不能讲敏感议题的要求，总会让你负能量爆棚。而我至今记得一次同学聚会，在众人八卦尽兴之后，我大学时代的师兄，如今正供职证监会的那位，苦口婆心地对我说，你不能这么放纵自己，娱乐新闻的前途在哪里？你该把你所学运用到工作中去，好歹写个财经专栏什么的嘛。

这种工作性质带来的分裂极度失衡，以致我看过太多同行默默挥别江湖。坦白说，在周刊供职的数年，我有无数次辞职念头、转行设想。每到这种时候，我都会找出黄子华的《娱乐圈血肉史》鼓励自己一番。当然，我没他那个哲学系毕业的思想深刻，也没他那般天才可以一场 Show 红遍香港，但都从中学会了一样，那便是拥有看清且承认自己不足的勇气，拨开迷雾，继而前行，最重要的是要带着欢笑，而非眼泪，至少下次再见师兄，我都懂回他一句，最近马云都有跟周星驰对谈，在我刊，跨界是很有前途的事。

我喜欢这种挑衅

其实归根到底，所有的质疑都指向这个问题——娱乐新闻能不能成为硬新闻？所谓新闻的三六九等，就连我身边同行都有跑着跑着自怨自艾的，不受尊重，没有肯定，每天写点似艺人宣传部的稿件，当然也有朋友戏言，你们真的是最后的良心了，好吗？还好前辈卓伟一直在火线上给我做着很好的示范。他那句“关注明星（如今应该扩大到公众人物）的 8 小时外生活，把他们还原成人”的工作格言，时刻都在提醒我，新闻操作方式在这个行业没有例外，没有区别。过去几年，即便是做常规的人物访问，我都要求自己恪守这个工作原则。印象最深的当属去年操作的导演宁浩的选题，这是一次典型的主动祛魅操作，选在他新片即将上映的时刻，由于前一部电影《无人区》碰触到的敏感话题，宁浩本人的受到的关注度已经超出了普通的娱乐范畴，赋予他的太多符号已令宁浩二字神话，在这个时间点去剥离、还原，让电影的归电影，绝不是锦上添花的行为。要知道，在娱乐新闻这里，如果你去质疑那些贩卖光鲜与美好的人与物，即便你进入再多黑名单，都没人将你视为斗士，客气一点的，会说，我懂得你的媒体立场，不客气的一句，你挑事儿是为嘛？然后，很可能就没有下一次的访问机会。但我喜欢这种挑衅，它令我的工作没有变成廉价的重复宣传，它也敦促我在一年内马不停蹄的采访间隙逼迫自己停下来，去冷静观察，认真思考。

我的工作状态通常是冥思苦想，写采访策划，打数个电话，发数条短信，往来邮件无数，与访问者交心角力，时而要成为心理专家攻占防线，时而要有无赖手段“胡搅蛮缠”，即便我已经从一枚菜鸟长成老鸟，模式依然。

另外，我更喜欢自己抱持着的挑衅态度是娱乐新闻没有禁区——但凡公众人物，都可以被娱乐新闻所覆盖，包括前阵子引起巨大讨论令周刊备受争议的柴静，无它，在全民习惯娱乐生活的年代，我们顺应求一个娱乐真相而已。

而我最庆幸的是，在明星与媒体的彼此勾连越来越紧密的当下，周刊还能隐隐传递出对这种坚持的鼓励态度，最终，不止是宁浩这一人，也不止我一位记者的报道，遍数周刊过去有影响力的新闻，皆因我们在坚守“还原”与“质疑”原则。因此，如果说今时今日能因人物调查报道获得些许肯定，荣誉不会仅属于我一个人。

没有捷径，无限坚持

连黄子华都开 Show 讲《娱乐圈血肉史 II》了，以如今周刊在娱乐行业的地位，在未来我恐怕要警惕的还有另一种陷阱，它美妙，甚至有很强的迷惑性，尤其在微博时代，太多人都因“业内知情人”成名获利，或开博收钱爆料，或策划所谓话题新闻，不讳言，我时常接到类似邀请，但我总是记着在我初入行时，谢晓老师曾跟我有过的一次对话，那时一家经纪公司找到我，希望合作制造一条绯闻稿，我将此提议告知谢老师，她颇为严厉的对我说，不要忘记我们的记者身份，娱乐新闻确实要制造话题，但前提是真实，你要深入行业不可以走这样的捷径。

代表作品 2

作品名称：杨幂，怎么老是你！

刊载媒体：南都娱乐周刊

发表时间：2012 年 4 月 4 日

作品影响：在杨幂成为娱乐圈话题红人后，是否过度消费的问题引起业内外讨论，在这个时间节点以调查稿形式进行深度观察和总结，并取得了当事人的回应肯定，是一次双赢的采访，再次肯定了周刊在业内的话事权地位。

作品名称：宁浩，二流导演

刊载媒体：南都娱乐周刊

发表时间：2012 年 4 月 25 日

作品影响：中国电影界树立起了这样一块品牌，但究竟宁浩有怎样的能力？这篇立足于质疑的人物调查报道，于宣传期的宁浩大规模专访中，观点和视角都很独特，电影方和宁浩本人都肯定了这种质疑，而电影事后的口碑和票房也验证了报道判断的准确性。

代表作品 2

作品名称：《画皮Ⅱ》为啥这么火

刊载媒体：南都娱乐周刊

发表时间：2012年7月25日

作品影响：当电影变成现象级事件后，及时关注它也成为周刊报道的新方向。这篇报道在业内影响广泛，还得到了出品公司华谊兄弟老板王中磊的关注。

作品名称：俞灏明 我必须要去承受 上天给我受伤这份礼物

刊载媒体：南都娱乐周刊

发表时间：2012年12月12日

作品影响：这是今年若干人物独家专访中影响最广的一次，与人物本身的命运有关，也和文字显现的人文关怀的力量有关。

是的，没有捷径。做娱乐记者6年，我很难像卓伟那样讲出惊心动魄的从业经历，我的工作状态通常是冥思苦想，写采访策划，打数个电话，发数条短信，往来邮件无数，与访问者交心角力，时而要成为心理专家攻占防线，时而要有无赖手段“胡搅蛮缠”，即便我已经从一枚菜鸟长成老鸟，模式依然。去年底，我就靠着连续几个月的数条短信，终令消失江湖多月的张伟平答应接受专访，尽管访问内容不尽如人意，但他应约的那一刻，我突然有神清气爽之感，为什么这么久非波澜壮阔的职业生涯仍能令我有兴奋感，大约就是这种坚持带来的。所以好新闻依旧是跑出来的，尽管在娱乐行业摸爬滚打需要强大的人脉资源，一不小心就会损害掉脆弱的圈子关系，但心中有执念，总可以做得更好一些。

（作者系南都娱乐周刊记者）

围观
张燕
3

为人以真诚，为记者以真实

冯颖彬

我们是在南都娱乐周刊还叫做南都周刊的时候就开始相遇了，那时我还是一个新人编辑，她也刚刚开始熟悉我刊的采编风格。张燕本来就是一个素质很高的记者，有计划、有毅力、有恒心，并且能够圆融地处理各种关系，明星、经纪人、电影公司、编辑……游走在这些人和事中，张燕一直是用自己最大的真诚去经营每一段的关系。

对此我体会非常深的是俞灏明拍戏烧伤事件，全国人民都希望能联系上他做些什么。有时候，娱乐新闻也是如此残酷，明知道他可能处于生死边缘、可能痛苦难当，在事件面前，你还是想拿个啥独家，犹如在人伤口上撒盐。当然，那个独家是张燕拿下来的，却是在俞灏明伤势好转之后的很长一段时间，由他父亲亲口叙述的。在全国人民都仿佛忘记他曾经受过啥伤害、受过什么大台压力和不能说的伤痛过后，那一篇独家，满满是人文主义关怀的书写和对人性的探索，同时也展现还原了事件的真实、还原了这个人最真实的状态。我知道，一个家属愿意出来面对记者说明伤痛事件，并且只肯对张燕说，这不是一个偶然。这是张燕在俞灏明受伤之后长久地关心他状况后的必然结果。这个关心，说易不易、说难也难，这中间的度和平衡、这中间的持之以恒，如果把握不好，只会是再次的伤害。当一个记者坚持用真诚去对待每一个受访者、对待身边的每段关系的时候，我觉得这是一个最优秀记者最该有的素质，在这点上，张燕一直做得出类拔萃。

正因为真诚，明星、经纪公司、电影公司等业内人士都愿意跟她交心交往，而这种交往也是在互相尊重彼此工作上的。我就从来没有听说过张燕会因为跟谁的关系好而不愿意去报道新闻事实的真相，即使这种真相有时候是所谓的负面，但是，在追求新闻真实、保证调查结果这样的最基本前提下，明星、各相关公司依然尊重张燕的报道工作，并且各方愿意配合，这不得不说是一个优秀高级记者的高级功力，少一份心、

@邱小翠V：工作面前，张燕是一个称职的记者，重大选题第一时间跟进，话题明星第一时间倾听，复杂的各方关系处理得游刃有余充满智慧，同事面前，她是称职的伙伴，为领导摆平困难，为后辈解决问题，分享经验和资源从不吝啬。

少一分坚持，一般人还真是都做不来。

至于张燕在记者这一块的成绩是有目共睹的，从以前的优秀人物采访报道稿到现在的行业内部调查稿，她都能保持着强烈的个人风格，真实、求证是她一贯的追求，细致而面面俱到是她的优势。到她现在统管北京记者站，除了个人记者业务出色之外，更能带动、帮助新记者的成长，我觉得她们是幸运的，在一个优秀前辈的带领下，你会觉得前方总有明灯与方向，并不至于迷茫而失落。

2012年值得一提的是周刊第一次走出国门，现场参与国际电影节的报道。张燕在操作这组稿件时，压力应是很大的，她一个人在前方冲刺并且首次制作现场性国际专题，对于南都娱乐周刊来说，也是空前的，但是她还是顶住了压力，发挥了个人的各种优势，并且经常乐于跟编辑

COVER封面

拍电影、入政协、追舒淇……

周星驰 知天命之年的人生参悟

感叹着自己快要来不及做很多事，但还是在五年之后方姗姗来迟地交上这部名为《西游·降魔篇》的新电影。大年初一接受观众检阅，他只导不演，连主演文章都说，观众笑纳进场都是冲着周星驰来的。所以，人过五十的周星驰难得开口连续三天接受媒体狂轰滥炸，即便是在刚刚当选广东省政协委员的时候，身上还有绯闻与口水仗。他只有一个原则，不进棚拍写真封面。助手解释，为了电影，周先生豁出去了。

"打杂版"导演

"我原本也以为导演是很威风的"

沟通，把前期筹备工作都做到各种到位。在同期同类型的戛纳专题中，南都娱乐周刊的红毯秀的指南专题还是比较活色生香，和其他类型媒体的报道相比，体现了周刊独特的娱乐角度。另外，这一年的张燕也担负起多个封面人物的操作，不论是常规宣传期的大牌艺人还是话题人物，她总是在事前都做到了跟对方尽可能的全方位沟通，准备工作的充分令她在实际操作中比较顺畅，艺人也基本能对周刊敞开心扉，建立了信任感。

2012年周刊在业内外的影响力和地位更强，业内外对周刊的要求也更高，但与之对应的是，北京站的人事变动不小，新记者到岗，资源欠缺，新闻敏感性不够，而张燕作为一个多年记者，在采访方面却不太见疲态，虽然可能她工作还是有困难和压力很大的，但是她总是有计划地为自己设置工作进度计划，循序渐进地走过难关，她的这种坚持和对工作的持续热情，也是我们编辑部一致认可的，2012年的优秀记者，舍张燕其谁？

（作者系南都娱乐周刊编辑）

江艺平点评

娱乐新闻，是新闻中的偏门，从偏门走向正道，是张燕的目标。何谓正道——让电影的归电影，把明星还原为人。浮躁中愈显沉静，浮华中更见坚守，只做真实的报道，不做娱乐圈、名利场的附庸，反而赢得更多信任和尊重。为自己，也为编辑部。

磨砺

MOLI

杨大正

个人简介

工作部门：南方日报。毕业院校：暨南大学。入行时间：2008。偶像：李小加。经典语录：找准方向最重要。职业目标：先做好记者。座右铭：心存感恩，心怀希望。

看到黑点，还要看到白纸

入选理由

机动部是南方日报业务谱系中的“异类”，不跑线，没资源，干的尽是些不讨好、让人头疼心烦的事情，可就是这样一群像大正一样的“傻愣子”，坚守着，纠结着，戴着镣铐起舞奔跑，勉强撑起了一张党报应有的风骨。“新闻是一种理想”——大正6年前心的呼唤，希望我们还能常听得到，哪怕只是一时的麻醉，也好。

记者
感言
1

你看到了什么？

北大法学院教授白建军站在讲台上，拿起一张 A4 打印纸，用铅笔在纸上画了一个小黑点，然后问讲台下的我们。

“黑点”、“黑色”、“黑圈”…… 沉默过后，白建军开始点名答问，尽管我们知道这是开放式问题，但是答案惊人得相似 。

“白纸！”——直到听到不同的答案出现，我突然明白了老师的用意。

“黑点的面积仅占到整张白纸面积的百分之一，然而你们眼中关注的只有这个小黑点，而忽视了黑点之外的白纸部分。”老师面对讲台下这群两岸三地选拔出来的深度记者和调查记者，淡定而又从容地反问我们。

一

这是在北大参加财经奖学金班，白老师上的第一堂课，引发了我对职业素养的反省。作为新闻学生，我们一直以来都把专业主义挂在嘴边，并以此来严格要求自己。其实，作为深度报道和调查报道记者，在追求专业主义的同时，我们更需要一场心灵革命。

上完这堂课的最大收获，我们需要的不仅仅是专业主义，更需要理性主义。这样一来，眼中看到的就不仅仅只有黑点，还要积极去看到黑点之外的白色部分。

踏入南方报业大院一晃 5 年，一直都是和反腐揭黑、天灾人祸等信息打交道居多，在黑点周边徘徊和成长，我带着好奇心去探寻热点背后的秘密江湖，充满了刺激和快感。

随时待命，随时出发，这就是机动记者最显著的特色，早上还在粤北采访，深夜就出现在粤西海边的烧烤摊了。迫于生存的压力和职业的需要，疲于奔命的我们没有时间思考更多的东西，每天都在面对选题，采访，写稿，改稿，周而复始。

从新鲜、向往到单调、厌恶，随着年龄的增长，我开始恐惧这样的生活，开始恐惧和焦虑，我害怕自己变成一架写稿的机器，害怕自己得不到进步。

是否需要换个姿势跑步？——我一直在纠结。幸运的是，纠结中等来了财经杂志奖学金，获得了前往北大国家发展研究院（中国经济研究中心）脱产学习三个月的机会，在那里聆听各位经济学和法学大师的教导，教我看清了白老师手上的那张纸，除了黑色，还有大片的白色。

结束北大的学习回来后，值班刚好碰上汕头一内衣厂发生火灾，14名少女遇难。派出的两名记者日夜赶路，连夜传回的稿子力图还原纵火事实，我在后方统筹稿件和记者沟通，“要带着思考去采访，我们可能采访了10个人或者20个人，以为看到了事情的全部弄清了真相，我们可能看到的不是一个面，而只是一条线而已。”

转型——成为了媒体人的口头禅，而当务之急，媒体人首先要完成思想上的转型。

从新鲜、向往到单调、厌恶，随着年龄的增长，我开始恐惧这样的生活，开始恐惧和焦虑，我害怕自己变成一架写稿的机器，害怕自己得不到进步。是否需要换个姿势跑步？——我一直在纠结。

二

去年年底，我回暨大参加新闻学院组织的一个交流，有师弟师妹问我，如果再选择一次，是否还会选择当记者？

还会！

其实，性格、教育和经历决定了我们要干怎样的工作，要成为什么样的人。6年前，我以暨大南方准记者训练营首期学员的身份，开始了在南方周末为期8个月的实习。之后，我凭实习作品获得了南都新闻奖学金，发表了慷慨激昂的获奖感言——《新闻是一种理想》。随后参加了南方报业的校园招聘。

2008年初我被派到湖南采访冰雪灾害，停电停水的那晚，困在长沙的我去湖南大学食堂10块钱买了33个馒头，作好了长期备战的准备，啃完几个馒头后，戏剧般地接到集团人力资源的电话录用通知。

毕业后的我在时政部跑了一年半政法线，天天带着实习生猫在法院各个法庭瞎转悠，寻找更大的毒枭，寻找更残忍的死刑犯，寻找更离奇的案情。那一年，机动记者部成立了深度报道工作室，喜欢折腾的我从时政挪到了机动记者部。

这是一个年轻的部门，相对来说，没有那么多条条框框的约束，想做什么题材，想怎么做，相对自由。在年轻的部门，我作为年轻的记者，得到不少锻炼的好机会。汶川重建、玉树地震、伊春空难、抚州水灾，哪里有灾难，背个登山包就去了，满腔热血出发，满脸疲惫归来。

随时出发，一直“在路上”，能够见识到各种不同的场景，结识不同的人，在我看来，这是做记者最大的福利和好处。刚刚参加工作，我非常喜欢这样的感觉，只身混入廉江公安局副局长桥迁新居的喜宴，挖出背后错综复杂的黑金生意。后来，同样在廉江，我率先报道执行上级不当命令获刑的国土局副局长何耘韬，最终他被改判无罪。

在南方日报，我一直坚持自己独特的新闻路线——不求最多，但求最精。每年的南方之夜，是属于我和机动部同事的收获之夜，众多奖项收入囊中。我记得集团一位新闻界的前辈曾经和我聊起机动记者的定位，在他看来，我们部门设置的初衷决定了，我们所做的报道就是要奔着拿奖，而且是拿大奖而去的，要树立“精品意识”。

记者用作品说话，我不是一个高产的记者，但我对自己的作品要求严格，时刻提醒自己对得起新闻纸，采写高品质的新闻作品

代表作品 2

作品名称：破解企业注册难系列报道

刊载媒体：南方日报

发表时间：2012年3月28日、10月26日等

作品影响：时任中央政治局委员、广东省委书记汪洋同志在这组系列报道先后批示三次，同时在多种公开场合提及报道，给予了高度肯定，同时要求行政部门要以报道为契机，积极推动行政审批制度改革，减轻企业负担,营造国际化营商环境。2012年7月，央视对我们稿子中反映的企业注册难问题进行了专题报道，引起了中央和省领导的进一步重视。去年年底中央宣布开展行政审批制度改革，并将广东列为试点单位。

代表作品 2

作品名称：美国前总统卡特专访

刊载媒体：南方日报

发表时间：2012年12月19日

作品影响：卡特作为中美建交的重要推动者，12月初，卡特和夫人在北京接受了习近平总书记和国务院副总理李克强的分别会见。卡特向记者透露了他和中央高层谈到的反腐和中国对世界开放等议题，专访在国内外产生了重要影响，国际新闻媒体网络版都转载或者引用了此稿。

深读 INSIDE 人物 A13

美国第39任总统吉米·卡特接受南方日报记者专访——

中国梦就是改革开放 中国梦一定更加精彩

中国改革开放伟大转折

双方没有威胁但有竞争

多次访华弥补当年遗憾

中美关系：没有什么比和平更重要

为了写一个漂亮的导语，我曾经冥思苦想，纠结一个下午又一个晚上；为了一个标题，我发疯般几乎翻遍了整个书柜，想找出可以类比的小说或者概念；为了搞清楚一个新领域，我去各种图书馆，翻"古董书"翻到满手灰尘。

在我念中学时那个文学崇拜的年代，"爬格子"是一种幸福的享受，现在码字变成了一种求生手段，所以越来越不敢下笔。我也经常怀疑，现在大家都在刷微博，谁会去关心我们那些半个大版或者一个整版的长篇文章。但无论如何，我们首先要过自己的心理关。

所以，我会经常翻出自己曾经发表过的那些作品，满意的作品看着看着就信心暴增，不满意的作品看着看着就觉得充满了挫败感。

我有着非常强烈的好奇心，所以能和各式各样的人打交道。不管对方是黑老大，还是公安局长，不管是我曾经曝光过的人物，还是我褒奖过的人物，不少和我成为了关系还不错的朋友。在我看来，调查记者经常要在江湖在庙堂之间行走，掌握一个度，才能柔韧自如。

在这个物欲横流的社会，大家都不屑再去谈新闻理想。但在我看来，要有点理想，才有动力做好新闻。2010 年玉树地震，我和同事在高原恶劣的环境下坚持采访一周，嘴唇严重皲裂，啃一口火腿肠，仔细一看火腿肠上沾满了血。现在想来，我们当时已经严重透支了体力和耐力，靠的是理想和意志力在支撑，我们也成了最早进入最晚撤出的一批记者，发回一批真实和感人的新闻报道。

三

2012 年，不平静的一年。

不管怎样，我们已经走过了 2012，在这个虚假、真实交错的年份，充满了谎言和欺诈，同时充满了感动和期待。

2012 年，我给自己贴上三个标签——更草根，更高端，更国际。

去年春节，我带领部门几位年轻的记者放弃春节和家人团聚的机会，跑遍了粤东西北，去寻找农村垃圾堆。

当时，在胡键社委的指导下，我们获悉中央政治局委员、省委书记汪洋在清远连南视察时，提出要改变农村脏乱差的局面。我和同事通过调查，掌握了一大批农村“垃圾虫”，通过曝光真实再现了部分农村脏乱差的现实状况，提出了尖锐而深刻的批评。

曝光农村“垃圾虫”后，我们紧接着提出了对比，通过找寻一些乡村清洁工程的典型单位进行再报道，提炼报道他们的经验和做法，为农村脏乱差局面改造提供借鉴。

值得一提的是，我们大胆创新报道形式，采用了“头版曝光＋南方调查”的栏目组合形式，将曝光稿件发到了南方日报头版。随后，我们还通过内参反映“垃圾围村”的严重问题，获得了省委主要领导批示，得到了省委省政府领导的高度肯定，直接推动了乡村清洁工程，省住建厅也成立专项资金，治理农村污染和脏乱差。

通过“垃圾围村”系列报道，我们摸出了一条党报舆论监督的新路子，党报记者要紧跟省委省政府工作步伐，配合省委省政府的中心工作，以舆论监督的形式反映问题，再通过正面的典型来提供解决问题的经验和做法，报道的形式和风格多样化，舆论监督的效果也非常明显，发挥了省委机关报的影响力。

以找寻垃圾堆开年，以专访美国前总统卡特作为年终谢幕。年末，在部门主任梅志清的带领下，南方日报推出“中国梦”系列报道。

年底,《财经》杂志在三亚举办财经高峰论坛,我在提前拿到的嘉宾花名册里发现了卡特的名字。卡特作为中美建交的重要推动者,我们认为非常有必要就中国梦的主题和他进行对话。联系采访遭到拒绝后,我通过各方关系协调和公关,这个精力充沛的美国前总统终于答应接受我们的访问,和我谈及中国梦时,卡特认识到,"中国梦就是改革开放。"

除了卡特,我还在去年 2 月专访到了中央党校常务副校长李君如。当时刚好是邓公南巡讲话 60 周年,报社围绕此主题作了一组非常高端的人物专访报道。我鼓起勇气认领到了第一篇报道,通过自己努力和多方协调,在全国发出了纪念邓公南巡讲话的第一个声音。

四

我之前所做的大部分新闻,都在寻找白纸上的那个黑点,走的是解构主义路线,管它三七二十一,狂轰乱炸,解开血淋林的伤疤,然后以胜利者的姿态离开。

我们究竟如何拯救整张白纸?其实我也在想,挖掉黑点,会不会让白纸变得更加受伤和难看?我们的确找到了这个黑点,但摆在眼前的事,该如何通过建构去让这张白纸变得更加完美。

那么,企业注册磨难记(破解企业注册难)的系列报道让我明白,社会转型时期的记者不仅需要解构精神,更需要建构精神。

去年 3 月底,我差不多用了两个月时间来报道"企业注册磨难记",反映行政审批复杂繁琐的"老大难"。我先是用了一个月时间来进行体验式采访,跟随一家外企在东莞注册的全过程,递交材料、修改材料、盖章等一系列的遭遇,导致这家企业花费了一年时间,还没完成注册拿到营业执照。

稿子见报后,引起了省委领导的高度重视,中央政治局委员汪洋同志在报道上做了长篇批示,随后在这组系列报道先后批示三次,同时在多种公开场合提及报道,给予了高度肯定,同时要求行政部门要以报道为契机,积极推动行政审批制度改革,减轻企业负担,营造国际化营商环境。

报道并不仅仅局限于此。在部门领导的策划下,我们组织了一系列论坛,打通了政府和民间两个舆论场,省委省政府决定在深圳、珠海、顺德和东莞开展商事登记制度试点,并要求在成熟时候在全省全面铺开。

2012 年 7 月,央视对我们稿子中反映的企业注册难问题进行了采访,在新闻联播中播放了 4 分钟的专题报道,引起了中央和省领导的进一步重视。年底，中央宣布开展行政审批制度改革，并将广东列为试点单位。与此同时，我们之前所报道出来的深圳、珠海、惠州等开展的系列改革经验和做法，也成为个大媒体竞相报道的热点。

这样的报道，我们不仅找到了黑点，还看到了整张白纸的全局，不仅提升了南方日报的公信力和影响力，也符合南方日报的办报理念和宗旨。

广州大道中289号，这里是理想者聚集之地，我也是高举着理想的旗帜，把青春献给了这个大院，在这里成长，在这里见证，在这里记录，在这里思考，在这里读懂中国，探寻理性的方向。

我相信，经历了2012，这个世界发生的故事都将更加精彩，而你和我，都可能成为故事的亲历者和见证者。

（作者系南方日报记者）

围观
大正
3

南方有大正

闫昆仑

大正既是我的同事，也是我的师兄。我们都是暨大新闻学院毕业的，他高我两届。

2009年，我们在汶川第一次相见。那时我还在汶川做一名普通的参与灾后重建的志愿者。广东对口援建汶川的民生工程即将交付使用，大正师兄前来汶川进行报道，通过朋友的介绍，我认识了他。

其实此前，我就已经听说过这位师兄。在南方周末和南方日报上，“杨大正”三个字经常伴随着一些调查报道见诸于报端。那个时候，暨大校园里已经有很多他的粉丝。

我们在汶川见面的那天晚上，室外温度很冷。我们在岷江边的红军桥上，从晚上一直聊到凌晨，聊地震，聊重建，聊新闻理想，还聊学校的那些八卦。冻得瑟瑟发抖时，看着脚下的岷江汹涌流过，心中荡起无尽的感慨。

那次他在汶川呆了很长一段时间，采访中不小心摔伤了脚，打着石膏在房间写稿，我利用给他送材料的机会，经常去看他。

此后我们联系不多，偶尔会在网上打个招呼互相问候。我通过媒体获悉，他当选为2010年广州亚运会火炬手，深感“天道酬勤”，我向他表示了祝贺。

2011年，我有幸被南方日报录用，在大正的极力推荐下，我分到了机动部，与他成为同事。

他对稿子非常较真而且严格，我记得，他当时带我做的第一篇调查稿件，是暗访代孕产业的利益链，经常在凌晨时分，他会打来电话，跟我探讨调查技术和逻辑链条的问题。耗时一个多月，《游走在法律边缘的代孕江湖》终于诞生，我也通过这篇稿子的采写锻炼，开始进入状态。

作为新人，刚进入新闻这个圈子还有些忐忑。大正告诉我，要比别人

@ **张迪 vv**：杨大正这个湘西小伙，有着湖南人天然的真诚、率直，开朗和一见如故；他能把黑社会老大忽悠得很嗨很开心，然后在他们不经意间挖到猛料；他常为部门的各位"屌丝兄弟"慷慨解囊，两肋插刀；他家客厅沙发上睡过无数男性新闻民工；他名字彰显了自我追求——又"大"！又"正"！他最爱唱的歌是《死了都要爱》;他，就是我们的 K 哥之王——杨大正。

多努力，才能比别人更加优秀，才有机会在新人中脱颖而出。他说自己加入机动部的第一年，一年在外出差近 200 天

"做记者,要有匪气。"有一次喝醉之后,大正搂着我的肩膀说。"你还是太腼腆了。"在机动记者部，我们都羡慕他能在庙堂和江湖间行走如鱼得水，既能和地市公安局长称兄道弟，也敢和黑社会大佬拍桌子叫板。

大正分管深度报道，为了一篇稿子，他可以连续卧底一周，或者在某一个地方连续守几个通宵。他冒着生命危险，拿到的都是第一手猛料，所以经常有猛稿出现。对垃圾偷运、污泥偷排、红顶黑商等各种地下产业链，灰色空间，非法交易等社会问题，他都能深入调查挖掘，还原事实真相。他经常说，真实、真相、真理，是一个调查记者必须坚持和坚守的东西。

大正的博客名字叫"大正得正"。里面记载着他入职五年来的调查作品。独家报道《副教授署名换成副校长夫人》，揭露广东商学院主管科研工作的副校长雍和明教授以权谋私侵占学术成果，将著作中的副教授署名换成其妻子。

《飞来垃圾山》则是大正通过长达两个月的追踪采访，调查清楚了偷运垃圾形成的非法产业链。

《副局长乔迁新居 千人赴宴送红包》，从廉江市公安局副局长陈锡照的乔迁酒席入手，反映了基层贪腐和治安差的廉江乱像。

这是一个勤奋、靠谱的师兄。国内重大突发事件，他几乎从不缺席。

玉树地震，他第一时间出发，成为国内媒体最先抵达灾区一线的一

批记者。在灾区采访7天，他克服了高原反应，发回了一批高质量的灾区报道。

江西抚州唱凯堤溃堤，他连夜赶往江西抚州，乘坐两块门板拼成的简易木筏，进入受灾最严重的村庄。同行的摄影记者后来告诉我们，他们被冲到洪水中央，最后抱住树得以逃生。

《廉江公安局长乔迁新居，千人排队送红包》、《"红顶"黑老大背后的险恶江湖》、《国土局长执行上级不当命令被判刑》……他已经连续3年拿下报社的年度批评报道奖。我后来去采访时，偶尔提到大正的名字，当地官员都表示"久闻大名"。

去年中秋节，在北大参加财经奖学金班的大正赶回广州。他叫上机动部留在广州的几个兄弟到他家里一起过节。他亲自下厨，带领大家喝酒吃肉总是很爽快，说话很坦诚，直言不讳，从不绕圈子，这就是我们机动部的特色。

去年3月，他参与策划撰写的《企业注册磨难记》系列报道，直接推动了广东行政审批制度的改革，汪洋同志先后多次对此报道进行过批示和公开表扬。

大正经常找我聊天，谈稿件，谈职业规划和前景。年过30的他也开始焦虑，开始思考如何转型。

去年8月，他荣获财经杂志奖学金，和国内有影响力的媒体精英前往北大国家发展研究院脱产学习了三个月。这三个月对他来说，可以说是一次华丽的转身与蜕变。

和大正聊天时，他说要通过学习，努力让自己的视野变得更加开阔。不再拘泥于一些微观的视点，对中观和宏观层面会更加重视。这一点，与我们机动部的转型也不谋而合。

从以前报社和部门的写稿主力军，逐步转型为策划统筹，他眼光独到，触角敏锐，经常把握到一些定势思维和传统思维之外的事物。

大正从北大学习归来后，除了日常采访和写稿，还忙于部门的一些管理事务性工作，为同事提供服务。每周日晚上，他都会帮记者把关深读周刊的调查稿，从导语到文本，从框架到逻辑，修改非常认真和细致，经常忙碌到凌晨一两点。

前阵子天气突然转冷，据说是广州28年来最冷的日子。我不经意间和大正师兄聊起我比较怕冷，第二天来报社上班，他拿给我桌上一双温暖的军用棉鞋，这种细心让我感动。

虽然这个冬天有些寒冷，但幸好南方有大正，机动有大正，让我和我身边的同事都感受到温暖。

（作者系南方日报记者）

江艺平点评

一张综合性日报的生产流水线，需要“螺丝钉”，也需要不那么安分守己的人。他们拒绝重复，渴望创新，勇于在否定自我中超越自我。从入道之初只专注白纸中的黑点，到时至今日更在意黑点外的白纸，杨大正经历了否定之否定的职业磨砺。善悟道，始得道。

初心

CHUXIN

个人简介

陈蕾

任职《城市画报》，常驻北京。

积攒琐碎的真实

2012年度记者 入选理由

陈蕾在城市画报是一个标杆，是一众年轻同事的偶像。陈蕾的文字自然了得，当年一篇《鸟痴了这个喇嘛》被誉为《城市画报》有史以来最棒的报道。近两年陈蕾转型，全面负责文化版块，其策划的专题成为每期亮点，在业界和读者中均有很好的反响。在每个岗位都让人信服、称赞，陈蕾做到了。

记者
感言
1

一

做过的第一本杂志不是《城市画报》。十多年前，每周四去鲁迅公园西侧平房开会，做一本创刊中的生活类杂志。有人发工资，每月固定有几千块钱拿，这情形持续了近一年。创刊号没做出来，临散伙时轮流被主编叫进小屋谈话。主编脸上新起了几块黑斑，他说了些很玄的话，最后用一句“这里有很多毒”来收尾。

散伙时每人补发三个月工钱。我当时觉得自己沾了便宜。

那一年时间，只要联系好采访对象，就随时领钱出发。稿子写出来没人说好也没人说坏，不被鼓励偷懒，似乎也不被鼓励干活。直到后来我才大致明白了这是怎么一回事。然后又过了好些时间，才意识到作为一个杂志人来说，这个头实在开坏了。

在那本不曾真正存在过的杂志工作，去了不少地方。现在能想起来的都是些莫名其妙的小细节：

冬天，下雨的黄昏，坐在某保健品厂老板的办公室里等他下班。说是聊读书，回来整理录音，听到大部分时间在聊《新华字典》。

在宁波与采访炒货行当的同事会合。无处可去的夜晚看他坐在桌对面大嚼葵瓜子，不剥皮，直接一把一把从袋子里掏出来塞进嘴里。“都是人精！你以为，要不是人精能来这里吗？噗！”他一边慷慨陈词，一边将嚼完的渣滓用力吐进脚下垃圾桶里。

去电饭煲厂，听当家老爷子介绍某款电压力锅是如何让米粒在合适的温度、湿度、压力下发生改变。深受感染，回家立刻买了一只，一用就是10年，从来没坏过（听起来很不科学），期间数次想用新品替换，都因效果差，又重新用回去。

二

拥有这只神奇电饭煲之后差不多半年，来到城画。第一次在城画做人物专访，一个半小时采访结束，对方很迷惑：咱们这采访怎么没什么主题啊？我也很迷惑：难道别人采访都有主题吗？

“不跟你说了！”入职头两年常有领导如此愤怒地跟我结束漫长电话讨论。

“你根本就不知道自己问题出在哪里！”收稿编辑也曾这样说。总之是各种错，基本上就是一路错过来的。

城画执行主编黎文曾鼓励新人：每个到城画来的人需要3年时间找到自己的位置。我所费时间应该不止3年。勉强找到之后发现所谓“找到位置”，也不是一劳永逸的事。

在城画最先做顺手的是人物专访。

“我们可以聊聊你的父亲吗？他在那部片子里主要都做了些什么？”

“这个采访到底够不够好玩”当做评判标准，恐怕是不对的。就像练习打球时选择了错误姿势，最初不会有太大问题，假以时日却势必受伤。时间久了，深刻感受到自己被磨损得厉害。最直接的一种“磨损”就是——整理好工具，在采访对象对面坐下来，突然意识到自己换上了一张“采访脸”。

“可以。百无禁忌，我们什么都可以聊。”

5分钟后：

“那么徐枫呢？”

“我不想聊这个女人。”

这是一个骄傲的大将军如何面对自己的成与败。

“‘聚光灯关了，爷们儿拧巴了，爷们儿生命不能承受没东西扛。’可能你也有过这段话里说的这种阶段？”

“哪是我曾经有过这个阶段啊？其实我现在每天都是这样。我觉得我每天晚上其实都在想这个问题。在媒体面前，在公众面前，或者说在我女儿面前，在有另一个人出现的面前，我应该是个什么样的状态，应该是个什么样的姿态？

这样弄着到了晚上，就是你说的那个状态出现的时候。灯关了，我自己躺在床上的时候，我天天都在问自己干嘛活得这么累？我怎么就不能活得率真点？我怎么就不能活得随心所欲一点？我已经有了超好的条件了，对吧？”

问答有偏差，这是个爱干净的人在找自己跟自己最较劲的地方。

做人物采访，最好玩的不在于他（她）说了什么。这也是为什么后来不再排斥那种对方从宣传期的密集安排里挤出来的采访时间。疲惫、麻木状态下反而容易触发各种细节开关，特别好玩。

“这个采访到底够不够好玩”当做评判标准，恐怕是不对的。就像练习打球时选择了错误姿势，最初不会有太大问题，假以时日却势必受伤。时间久了，深刻感受到自己被磨损得厉害。最直接的一种“磨损”就是——整理好工具，在采访对象对面坐下来，突然意识到自己换上了一张“采访脸”。这很可怕也很常见，打开电视，常做人物访谈的那个谁谁，还有那个谁谁谁和谁谁谁，其实都有一张自己的“采访脸”。这算不算工伤？

三

2009年，一边想着“磨损”的事情一边去青海果洛州寻找那个画鸟的喇嘛。刚来城画不久曾听人说过：采访的成败，在选定采访对象时就已基本决定。

“如果他只是一个不到30岁就考过堪布的高僧，我不会来。”

“如果他只是一个看过藏区近400种鸟类的观鸟爱好者，我不会来。”

“如果他只是一个没有学过绘画，但是画出的小鸟仿佛可以飞起来的画师，我也

代表作品 2

作品名称：《有书，好滋味——2012台北书展》

刊载媒体：城市画报

发表时间：2012年3月12日

作品影响：赴台北5日完成的台北书展特辑。运用多种采编手法介绍台湾出版热点，亦获得台湾业内同行的称赞。

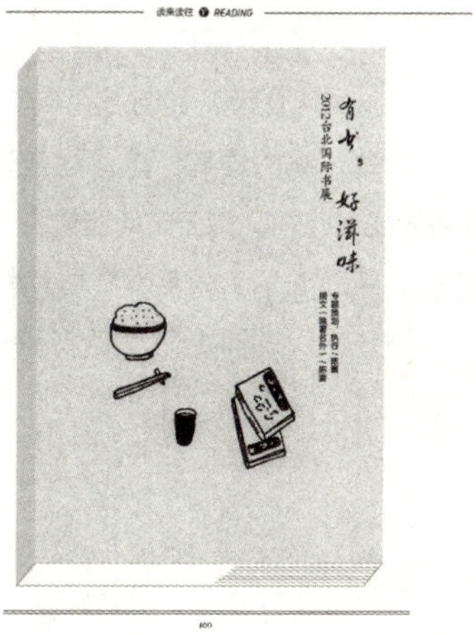

不会来。”我在去之前问自己为什么要开始这趟旅程。

“在此之前，有很长一段时间，我听到的道理、故事，都像是‘书面语’。而扎西讲的故事也好，道理也罢，似乎有着花朵的清香、动物毛茸茸的触感，有雨水过后草地上蒸腾出的辛辣气息、以及种种我们曾经熟悉，如今已经快要忘记的味道。”做完这个采访，觉得自己的磨损似乎被修复了一点点。这显然比“好玩”更加好玩一些了。不过最扎实的记忆中仍包括那些不值得被记录的莫名细节：

在果洛州玛沁县城开宾馆的江苏老板，拎着热水瓶爬楼，“不适应，心脏越来越大。”他说再坚持挣几年钱就会离开。

落冰雹的下午，缩在街边小馆子要了一碗西红柿鸡蛋汤。端上来发现鸡蛋是完整成型的煎鸡蛋，而不是熟悉的絮状蛋花汤，突然就有点要崩溃……

四

来城画10年，做杂志10年，在很多地方看到过各路杂志人讲述对自己所做之事的理解。这问题应该没有标准答案。我想象自己一直以来都是在积攒琐碎真实细节，记住它们，命名它们，寻找它们之间可能存在的逻辑关系。哪怕是错的，“小世界”也一点点拼凑起来。

（作者系城市画报记者）

围观
陈蕾
3

好吃的人热爱生活

仇敏业

陈蕾是那种能穿墙而过的人，她大学专业是研究水泥的，当然这不是原因，这只是她穿过的第一堵墙，大学毕业后，她直接被分配到了青岛市建委——很多人艳羡的单位不是，她没干几年，却辞职了，后来同去的五位同学都当上了处长。对很多人来说，舍弃这样的单位，这样的公务员前途，就相当于撞一堵墙，但陈蕾轻易地穿墙而过了，她擅长干这个，她看得见光亮体的背面，能从平淡中读出惊奇，从一切肃穆中看出笑话，从笑话奇闻中看出人性的秘密，她擅长发现被采访对象的细微真相，或者说从细微处把人看清楚。

如果要推举一位城市画报最好玩的人，陈蕾一定会赢得最高票数，她总能挖掘出好玩的题材，采访到好玩的人，从不那么好玩的人身上看到好玩的亮点，或者把不那么好玩的专题做得很好玩。

她请艾未未去看电影，请家庭主妇做影评人，让影评人开圆桌会议，用漫画故事推荐新书。她擅长举重若轻。

有一次她发现了一个爱画鸟的喇嘛，她就扑通扑通地去了藏区，写下了城市画报历史上最好看的一篇长文。

说陈蕾是城市画报文笔最好的，没人会有异议，1999 年，我大学还没毕业，陈蕾就已经是我的偶像了。她当时在南方周末上写专栏，平淡的事情，被她以独特的视角和特有的骚人文笔勾勒出别样的味道。她几乎拥有小说家该有的一切，有人问，那她怎么还不去当小说家？这个我也一直困惑，我猜有两个可能，第一个可能，她缺了点什么，这可能是她惟一缺少的，就是小说家的野心，但这个可能性极低，更大的可能是她的文学野心和别人不太一样；第二个可能，就是她身上多了点什么，她把文学金线定得极高，不到风清月明，不肯动笔。

陈蕾负责城市画报的文艺版块，包括电影、读书、艺术种种，这是她的爱好所在，一个人能把一个事情做好，显然与本身的喜爱与专注有莫大

@桂梅Mon：做编辑的我，一直以能约到陈蕾的文字为荣。她远在北京，每期要远程编辑不少版面专题，时间有限。但她文字一流，快、准、有趣。她能把事情梳理得很清楚，但又有自己独特的语言风格。每次我怀着忐忑不安的心情约陈蕾做很急或很远的采访，听到她答应后，我的心情会非常激动，真的，心花怒放。她接了采访，我就可以回家睡大觉，安枕无忧了，就像把文字送进了保险箱。就算摄影师拍得不好也没关系，陈蕾还会画画。

关系。

她爱看电影，包括好莱坞暴烈烂片，她爱读书，包括情色小说。不过我觉得她更重要的是另外三大爱好：喝酒，烫头，吃好吃的。

她热衷于和喜欢的朋友喝小酒，且时不时把小酒喝成大酒，她是青岛人，能喝，但大家都喜欢看她喝大，喝大的陈蕾更好玩。

有次我们去凤凰采访黄永玉黄老先生，那也是个好玩的人——好玩极了，采访完毕后，大家都很高兴，于是喝酒。凤凰的酒啊，不是烈，是劣，喝完头痛欲裂，于是所有人都醉了。

于是第二天，我们就知道，陈蕾当晚把自己的被子给拖到浴盆里洗了——有些人总能发现一些精灵古怪的事，那是因为他们本身就是精灵古怪的人，陈蕾就是例子。

这样说，好像是在进入综艺节目的报糗事环节，其实不是，个人觉得，能无法自抑地把小酒喝大的姑娘往往真，真性情，自己真，就会天然地排斥假，这对一名记者来说，是美德。

陈蕾爱烫头，但凡爱点时髦的姑娘都爱烫头，这貌似没什么好说的，其实不然。很多整天花枝招展的姑娘对待发型其实非常谨慎，她们不是对换发型失败充满人性的原始恐惧，就是对惯性和日常有着强大的忍耐力。陈蕾对待发型也很谨慎——我猜啊，但她压抑不了自己求新求变的内心渴望，这样看，就了不起了，这对于一本以创新而著称的杂志来说，更是宝贵的品格。我个人认为陈蕾总能在自己的版面上搞出新花样玩出新意思与她爱烫头的喜好，其实有着同样的内心求新动力。

陈蕾还好吃，每次回广州总部述职，她的口头禅就变成了“好好吃啊”，其实我们也没特意带她去吃特别东西，不过是平日里吃开的饭点儿。这说明两点，第一，广州的饭肆的确比北京好，第二，陈蕾擅长发掘食物的好，一如她擅长从普通人身上看到闪光点。有留心过的人或许也会认同，好吃，其实是某一类人的人格标志，是他们的投契暗号。好吃的人往往热爱生活，在他们的生命权重体系中，生活，生命要远远大过某些营营役役的东西。对于《城市画报》这么一本文化生活杂志来说，爱生活，能从多个层面体恤生命价值的记者，无疑是模范，陈蕾无疑是模范中的模范。

（作者系城市画报首席摄影师）

江艺平点评

由雅入俗易，由俗入雅难。游刃于雅俗两端，陈蕾挥洒自如。这样的境界远非一般人所能抵达——须有平常心，须有真性情，至于文字功夫，倒反而在其次。当然，她的文字也同样了得。阅尽人世百态，不忘谨守初心。初心，就是赤子心。

薪火

XINHUO

陈新焱

个人简介

湖北咸宁人，因五行缺火，父母赐了“三把火”。本科中南财经政法，研究生华中科技大，2009 年毕业后进入南方周末经济部至今。一双鞋合脚，可以连续三年都买同一双。典型的“经济适用男”。

我在南周5年

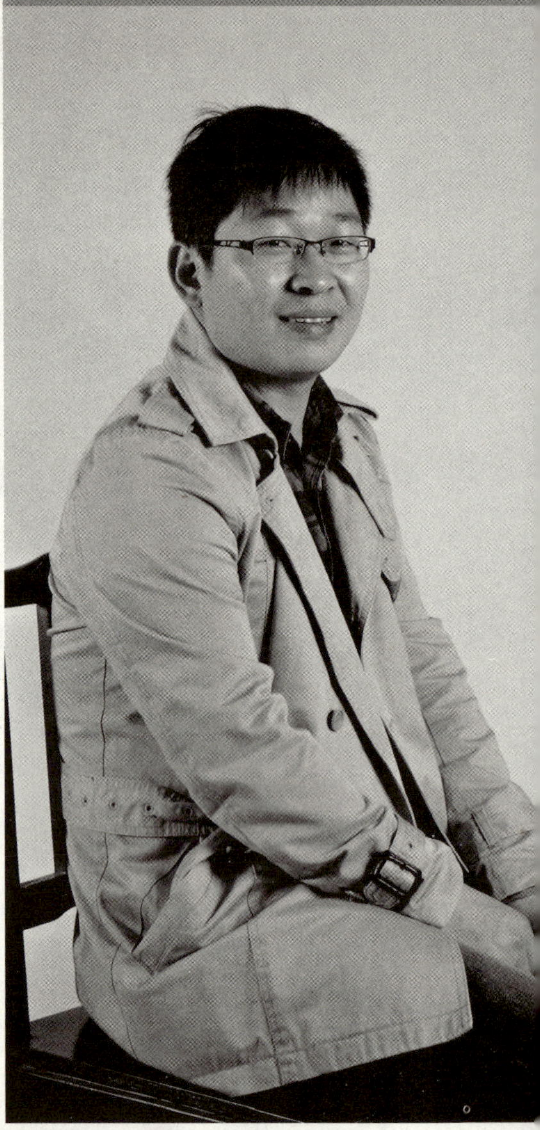

年度记者 入选理由

自2009年入职以来，陈新焱的写稿量在南方周末经济部一直名列前茅。《“暗物质”facebook》、《美的式传位》、《华为“被造城”》……陈新焱总是以他独特的眼光打量着经济新闻中的有趣细节。其努力、认真和刻苦，以及对新闻业务的执着和不断进取，为同仁所共赏。

记者感言

1

一

最怕催稿。没想到 2013 年的第一次被催稿，来自《南方传媒研究》。

我曾经听过很多南周人被稿子逼“疯”的经历，有尿频的、有涕泪双流的、也有差点就跳楼的。其中最真实的一个，来自原南方周末经济部总监马克。他说，有一次写个稿，眼看已经凌晨两点了，还一个字未动，时针一点点往前走，他时而站时而坐，东方露出鱼肚白时，还是一个字敲不出来。这时，他先拉上窗帘，制造夜晚的效果，发现还有光透进来，便开始拿衣服去堵……

马老师已经是南周的元老了，听到他讲述这个段子时，我还是实习生。后来进了南周，我开始理解这是一种什么样的状态。被稿子憋到内伤，几乎是每一个人的必修课。曾经，我以为是我笨，后来听说，南周的大师李海鹏老师写稿子时，也常如此，心里瞬间就平衡了。

接到这个命题作文时，我的第一反应是，可不可以不写啊？倒不是我不愿意敲字，而是觉得，我有何德何能，胆敢接“年度记者”这个头衔。南周牛 B 闪闪的同仁到处都是，我可能是最不起眼的一个。

此话真不是谦虚。就在半个月前，南周刚刚开完年会，每年的这个时刻，南周的“奥斯卡”会一一颁出。连续四年了，我也没拿过什么大奖，想来真是惭愧。

二

我是 2009 年进的周末，在这之前，是南周绝对的粉丝。高中时是看；大学读了新闻系，便和一帮同学鼓捣了份校园小报，因为专揭学校的短，且每篇文章都是三、四千字的长文，标题也起得特轰动，诸如“奖学金，您看清了吗？、“软硬件，如何迎评？”等，竟然被同学们大言不惭地称之为“小南方周末”。那时，我是校领导办公室的常客。但因为靠找学校周边的餐馆、发廊做广告，报纸竟然还能自负盈亏，领导们也不好直接关了。等到快毕业时，荷尔蒙蹦跶得差不多了，报纸终于还是被学校收编了。

我记得南周的前辈陈涛老师曾经写过一段很经典的话，用以概括南方周末记者。他说，一个典型的南方周末人是这样的：出生在农村或者中小城镇，有一个谈不上幸福的童年，曾经做过文学青年，通过个人努力而获得接受好的高等教育的机会。这样的人，有一点骄傲、有一点清高、有一点排斥庸俗、有一点显得有理想的样子；这样的人，有的社会责任，他无法忘记，虽然自己通过高考改变了命运，但是小时候和他一起玩尿泥的小伙伴们现在还在社会的底层挣扎着；这样的人，是新闻人中的儒家———千百年来，儒家的理想就是“为天地立心，为生民立命，为往圣继绝学，为万世开太平”……

虚荣地说，读到这段话时，我的小心肝真的颤了那么一下下，很自然地将自己往这上面靠：出生在农村，不假；曾经做过文学青年，好像也对；有一点排斥庸俗，有一点显得理想的样子，小时候一起玩泥尿的小伙伴们还在社会底层挣扎，尼玛，全对啊。怪不得一直对南周心有戚戚呢。

任何一个新闻，到南周这里，我们都会习惯性地给它画一个坐标轴，就是一个番茄，你也应该努力这样去看：它的纵轴是什么？横轴是什么？它的过去是什么？将来是什么？现在处于什么阶段？如果一个事件，你没法用一种“大历史观”来看待它，那它就缺乏标本意义，不厚，写出来就不好看。

毕业后，我如愿以偿地成为了幸运儿。记得入职培训那会，南周人的精神偶像江艺平老师出来和新员工见面，我站起来自报家门，那自豪感，恨不得让全世界都知道。那时哪里知道，一同入职的人，都在嘲笑着呢。

南周只要成熟记者，要求来之能战，战之即胜，入职的第二天，就被空投到了济南，要在三天内赶出一个头版，这趟差回来，整整瘦了5斤。

原本以为，以这样的趋势下去，保持完美的身材是没问题了。不成想，半年之后，就开始发福了，同学见到，都说南周的伙食好，他们哪里知道，这都是连续熬夜熬出来的。

三

相比山大压力，这些其实还是其次的其次。南周的新人入职，对部门来说，就是白纸一张，南周没有导师制，没有人会告诉新来的你怎么去写作，怎么去采访，怎么去发现选题，一切全凭你的造化。

开始时，有题就跑得挺欢。后来发现，这样打乱仗似乎不行，得找个方向。于是便开始纠结，往哪个方向上钻。

按照传统的套路，记者被分成各类条线，跑汽车的跑汽车，跑地产的跑地产，但南周是份综合大报，而记者就那么多，各自的划界也就不那么分明。曾经有段时间，我为了先宽后窄，还是先窄后宽，纠结的不行。漫无目的地做吧，怕成不了“专家型记者”；一头扎入某个细分领域，又担心再也跳不出来。

磕磕绊绊中，还是马克老师一语点醒：其实这根本没有答案，入门阶段，如果给自己画过多的条条框框，只会束缚手脚，倒不如先到处跑跑看看，说不定哪天就找到自己的领域了。

他还说过一句话：真正的高手，是将各个领域打通来做。当时并不是很理解，而今回过头看，这不就是新闻操作的至高境界么？打通任督二脉后，任你神马功夫，都能信手拈来，相得益彰。政经的题，也有产经的视野；

代表作品

2

作品名称：“暗物质”Facebook——从没来过中国，但很多人都在谈论

刊载媒体：南方周末

发表时间：2012年5月24

作品影响：选择facebook上市之前的热点时刻，用新颖的角度切入，叙述了这个一般中国人都听说过却没上过的网站，将如何和中国产生关系。暗喻之妙，角度之独特，采访之详实，令人击掌。见报后即被广为传播。

经济

“暗物质”Facebook

从没来过中国，但很多人都在谈论

代表作品 2

作品名称：腾讯：自己与自己的战争

刊载媒体：南方周末

发表时间：2012 年 5 月 17 日

作品影响：“明星公司”的重要动作，作为周报难得的抢先报道。采访细致入微，对大公司病揭示入木三分。见报后，甚至有大公司打来电话，邀请记者以旁观者身份，为公司进行诊断。

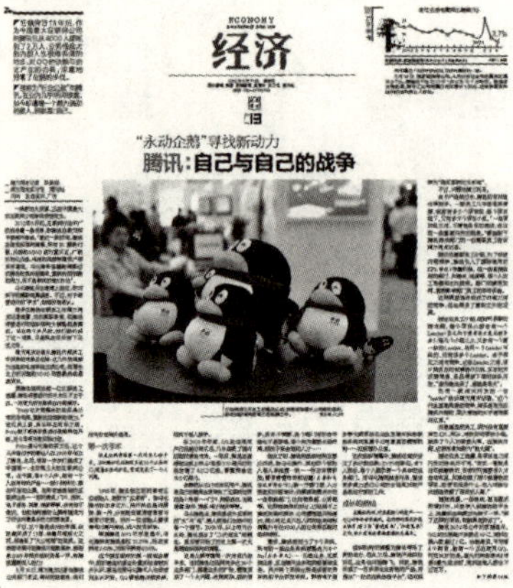
经济

“永动企鹅”寻找新动力

腾讯：自己与自己的战争

产经的题，也可以用政经的观察视角。这，不恰恰是南方周末需要的混搭式产品么？

四

新闻说起来简单也简单，说难也难，南周之所以能在新闻界取一席之地，有人将之归功于其宏大叙事的能力，讲的似乎也对，南周的确有一套自己的新闻方法论。去年和新入职的同事们交流时，我曾经举了个例子，任何一个新闻，到南周这里，我们都会习惯性地给它画一个坐标轴，就是一个番茄，你也应该努力这样去看：它的纵轴是什么？横轴是什么？它的过去是什么？将来是什么？现在处于什么阶段？如果一个事件，你没法用一种“大历史观”来看待它，那它就缺乏标本意义，不厚，写出来就不好看。

南周的口号是，在这里，读懂中国，其实这话完全可以改写成“在这里，读懂‘中国逻辑’”——在光怪陆离的中国，几乎可以确定的是，每一件事的发生，演变，除了有个自己的逻辑外，一定有个“中国逻辑”。这个中国逻辑有时很明显，有时却很隐蔽，如果我们能将这个逻辑说清楚，那就是一篇好稿子。

关于这一点，南周新闻部的曹筠武老师来我们部门交流时，曾打了个很好的比方。他说，南方周末的选题可以分成三类，一类是小清新的（就是那种平常而普通的新闻）；一类是重口味的（就是杀人放火越狱盗窃之类的新闻）（大意）；这两种新闻其实没什么，看过了也就过了，真正能在新闻史上留名的，都是些“高端、大气、上档次”的，诸如他自己写过的《系统》、今年南周新闻奖的获奖作品《砸车者蔡洋的生存碎片》等，而这些选题，之所以能从“小清新”、“重口味”变成“高端、大气、上档次”，则完全是因为他们都被赋予了“意义”。

如果说，南周真有什么秘籍的话，我觉得这个就可以算得上是了。入职南周5年来，虽然没有写出什么出彩的文章，但对这句话的理解却愈来愈深刻。我想，这应该算是南周留给我最宝贵的财富吧。

（作者系南方周末记者）

代表作品 2

作品名称：美的式传位

刊载媒体：南方周末

发表时间：2012年9月6日

作品影响：在外界盛赞美的不传家族成员而传位于职业经理人时，此稿独辟蹊径，还原了事件的真实逻辑。让传奇企业家从神变成了可触摸的常人。为同题报道树立了标杆。

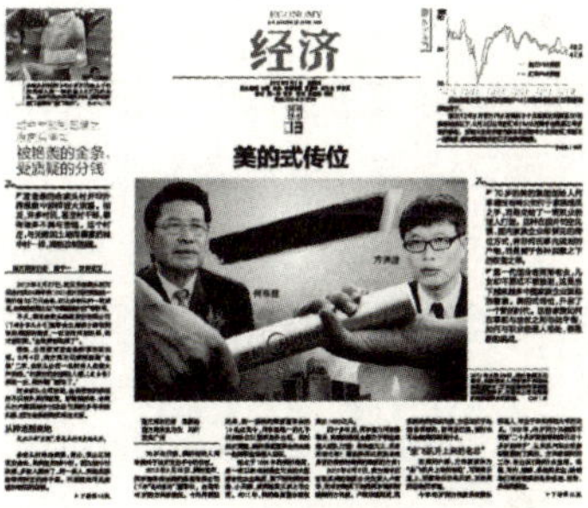
经济

美的式传位

围观新焱 3

一个戴红领巾的三好学生

顾 策

在美国犯罪小说作家迪弗的笔下，那些最危险的杀手通常都有着像一滴水融入大海一样的面孔。

陈新焱就是这类人（也许女实习生会反驳我，她们觉得陈新焱很帅），他不高不矮，不胖不瘦，戴一副平常眼镜。站在人群里的时候，他不怎么说话，也几乎没发过脾气。玩杀人游戏时，他很难被迅速揪出来。而对采访对象而言，他无疑是个合适的倾诉对象。

不过，要是把他丢到张牙舞爪的记者堆里，他很快就会被认出来。因为他太格格不入，像一个戴红领巾的三好学生，不说脏话，没有咄咄逼人的气质，也没学会如何在唇齿间玩弄那些大词。他甚至不抽烟，不喝酒，没换过女朋友，从大学一直谈到结婚。

我初识陈新焱是在2009年。那时我重回南周做经济部编辑，而陈新焱也入职不久，刚发表的一篇稿子颇受好评。其他部门的人来经济部串门，会特意问一句：陈新焱是谁？

南周的新人，就像被扔到一个鳄鱼池里，通常要经历一番磨难。我曾见过很多新人的悲剧，一篇稿子要重写无数次，总有一句批评让他们泪流满面，因此遁走的人不在少数。

但陈新焱却是个早熟的记者。无需编辑太多提点，他就能拿出一篇合格的作品。这样的记者，通常是编辑们争抢的对象。

这也许是因为他曾在周末实习过一年，参与多次报道，写硕士毕业论文时也详细研究过南方周末的历史和操作经验。而更重要的是，他有着南周记者所应有的理想主义情怀，并具备了良好的职业素养。

一个职业记者最重要的能力是提问、思考和倾听。提出一个好的问题，就是一篇好稿出炉的前奏；深入思考，可以让你捕捉到复杂世界最微弱的回声；坚持倾听，是一篇稿件有血有肉的保证。因此，每当我遇见一个滔滔不绝的记者，总是在内心暗黑地涌起剪掉对方舌头的冲动。

肖华：射手座@**陈新焱**，却有颗细腻的心，总是在打量经济新闻中那些有趣的细节与人。

陈新焱就是具备这些能力的记者。带着一个个问题，他从政经这条道走进了光怪陆离的中国现场。

为什么珠三角的工厂年年闹民工荒？为什么制造业开始重新引进机器替代人工？为什么中国各地的经济开发区开始成为投资大鳄？为什么很多公司在各地大肆圈起工业用地？这些疑问，变成了他笔下一篇篇帮助读者读懂中国的稿件。

因为人少，南周记者不得不成为全能选手。我跟陈新焱的合作是从公司报道开始的，苹果皮兄弟创业史、暗物质Facebook、腾讯大公司病、美的疯狂扩张后的一地鸡毛、中兴巨亏背后的高管老鼠仓，强烈的好奇心和求知欲、全面细致的采访、对文本如爱惜羽毛般的一笔一划，是陈新焱在操作这些稿件时给我留下的印象。

稿件是用生命熬出来的，这句话不仅适用于战地记者，南周的很多记者都是如此。两年前，去青海采访时，陈新焱就突发结石病。几天前的一个晚上，他再次发病去了医院。然而第二天，他又动身去采访。

“已经五年了。”半个月前的年会上，陈新焱突然蹦出这么一句。这是他在南周的时间坐标。

（作者系南方周末编辑）

江艺平点评

谁说流水无痕？在这座铁打的营盘里，每一个来过的人都会留下烙印。传承，不仅仅在于理念的感召，还在于惺惺相惜的彼此认同。难得陈新焱念兹在兹，其实他的报道也不遑多让，正在显露“青出于蓝”的端倪。一张好报纸，就是这样薪火相传生生不息。

价值

JIAZHI

余维庆

个人简介

昔日激情文青，当下文字工匠。曾任文学杂志主编，现为时尚杂志主笔。擅跨界，从山寨作坊老板过渡到北漂打工，从品牌洗发水厂长演变为职业写手。而今尘埃落定，供职于《风尚周报》。

一个文学青年的自我维修

2012年度记者 入选理由

他是屌丝之王，吃旺广州多少大排档；他是闷骚文人，辣笔摧花笔走龙蛇，《风尚周报》每篇文章都有他的气息；他是沟通达人，选题策划栏目梳理脑力激荡思路清晰据理力争。2012年，风尚周报几乎每个大策划都有他的参与，几大主要商业别册都是他策划统筹，几乎每篇主要的文章都经过他的“粉饰”，勤奋，负责，事无巨细，尽心尽力。他是风尚周报主笔，是风尚周报这一年最出色的采编——余维庆。

记者
感言
1

一、细说苦难史

2012是我的本命年，至于是哪一轮就不细说了，伤感情。按照民间的说法，我似乎应该备多几条红裤衩以趋吉避凶，但岁在壬辰，我更深沉地思考着一个问题：我从哪里来，要到哪里去?

这个问题一点都不时尚，也比较二。但编辑说了："欢迎有诚意的文字"，于是这篇文章，便有了梳理前1/3人生的意思。开写之前，想趁着"二"气旺盛，以《一个文学青年的自我修养》立题，写出点劲儿劲儿的意思。但写到这里，突然发现当下的生活状态，并非是一个循序渐进的计划过程，更像是一种被动式的转变，"自我维修"似乎更正确些。

对于这些年来说，所谓维修，是一个不断地修正自己、认识自己、提高本身，适应环境、开拓视野的过程。

站在文学中年的门槛眺望过去，实际上我是以文学少年面目出道的。

上世纪80年代，那时候的梦还是纯洁的，没有PM2.5接近破千的灰霾。在小学五年级的时候，我的小学老师把我拉进了他创办的民间地下文学小报《裸孩》，负责撰稿，也负责当刻版油印的小工。这份报纸后来在刘根勤、江帆撰写的《广东民间文学小报研究》的传播学论文中，是一份"在僵硬而贫瘠的体制与青年群体文学理想和表达冲动碰撞后的产物"。它属于我的文学启蒙，也是一个梦想的起点。

而把时间再往前推20年的话，我又发现了另外一个自己。

在粤东的一个小镇，一群少年喝得酩酊大醉，那时候我以一个乡村企业家的身份混迹其中。一个先富起来的朋友把一个BB机"啪"地拍在茶几上，说："兄弟们，等某一天，桌面上满满地摆着BB机的时候，代表我们都事业有成了！"请不要嘲笑少年们的真诚，当时那种"易水萧萧西风冷，满座衣冠似雪"的情景是肃穆的，虽然，后来看了贾樟柯电影《三峡好人》"小马哥"学着周润发烧美元点烟的镜头也不禁莞尔。

实际上，在本命年之前的很多年来，我的梦想从未落地，属于在土老板与伪文青之间切换的摇摆青年。

二、一句大话进风尚

2002年，《南方都市报》正意气风发，不拘一格用文章。当时的文化副刊有"大内高手"和"方外化人"两个专栏版。初出茅庐的我，有幸在"方外化人"上虚张声势了几个月。这个过程，也勾引出我埋葬于内心已久的文青情怀。于是在2003年，我辞掉了老家一家化妆品厂厂长的职务，开始到广州当一名自由撰稿人。

这是我作为一名文学青年的第一次维修。

在我所混的圈子里，自由撰稿人的日子并不好过，不仅体现于，可怜的稿费无法维持足够体面的生活，也体现于，文章不是你想卖，想卖就能卖。当理想照进现实，你才发现，不是所有人都能把文学理想一条道走到黑，自由撰稿人更像一个裁缝的角色，须会量体也会剪裁，会穿针也要会钉纽扣。所以，那段时间，除了专栏外，各种体裁和形式的文章都写过，包括制作"填字游戏"，甚至还深情款款地写过《知音》……

在粤东的一个小镇，一群少年喝得酩酊大醉，那时候我以一个乡村企业家的身份混迹其中。一个先富起来的朋友把一个BB机"啪"地拍在茶几上，说："兄弟们，等某一天，桌面上满满地摆着BB机的时候，代表我们都事业有成了！"

自由时间里的获益是，有了大量的阅读时间，所以，第一次维修的过程就是不断的进补和调整想法。

2005年，为了扭转这种日夜颠倒的亚健康状态，我到了一家杂志社上班。从一名作者转变为编辑，这是我的第二次文青维修过程。

开始编辑工作后，回首以前的自己，才发现，作为作者的一篇文章，从写作到最后在版面上的呈现，是一个被编辑思路"绑架"的过程。从杂志的定位阐述、选题方向、版面思路等等，都需要编辑深思熟虑的策划。所以，第二次的维修是一个大修，彻底把一个文学青年打造成一个媒体人。

做了5年的文学杂志，匠气渐增，激情慢慢趋于平淡。在比较空闲的日子，偶尔会想想关于理想和现实的问题。并且发现，有些豪言壮语，都有实现的可能。

打捞过去的历史，当年那帮梦想个个装"B"，最后装了又卸了的家伙们，现在基本实现了自己想要的生活方式。这是我对另一个自己的告别，我经常回忆的是，1999年，陪同小学老师到《南方都市报》应聘的时候，我不无羡慕地想，如果有一天我也能到南都上班，那该多好。

而我们，当年一起办地下文学小报、经常在一起的三个朋友，更有一个无厘头的想法，如果我们都能到南都上班多好。无厘头的原因在于，三人中，除了一个小学语文老师跟文字沾点边外，剩下的都是小镇企业工人。

我唯一跟南都沾上边的，是小学老师在他《三句大话进南都》里面顺便提到了一句，按电影的标准，属于群众演员。

梦想照进现实，2010年，随着我最后入职《风尚周报》，文学小报《裸孩》编辑部被南都收编。三个人，一个落在副刊，延续文学理想；一个做了新闻，持续愤青；而我居然做了时尚，真是小镇故事多。

2010年，通过朋友联系，《风尚周报》执行主编侯飞找到了我，三个人在五羊新城一家饭店吃饭。侯飞问我，想不想到风尚上班，岗位是主笔。当时，我已经在屌丝圈混出了名声，对于时尚的接触实在太少，虽然见猎心喜，但委实有些忐忑，

代表作品 2

作品名称：夜圣诞特辑

刊载媒体：风尚周报

发表时间：2012年12月1日

作品影响：历时三个月的策划，以夜为主题，全面覆盖圣诞风尚。陆川、刘烨、吴彦祖、秦岚四大明星携手阐释“夜的盛宴”，中外模特倾情演绎“圣诞派对”，白富美的圣诞夜情色话题，最新最全的圣诞单品推荐和全球五大城市贴身血拼指南……美艳、时尚、实用、实力。

就跟一老处男突然被撮合跟一如花似玉似的。

侯飞看出我的顾虑，说，经验方面你暂时不用考虑，我要的是提高整体的文字水平，你只需要考虑你文字，行还是不行。当时脑海中就想起了小学老师的《三句大话进南都》，说，“给我时间的话，我可以的”。

我比较幸运，只用一句大话就进了南都。

三、我在风尚的日子

通常，让一名文学青年来担任主笔，是一件非常冒险的事，无论是新闻还是时尚。文学青年很容易陷入无原则的抒情和天马行空，就像现在我所写的。感谢侯飞给了我这次机会，得以完成我文青生涯的第三次维修。让我更加深度地认识到什么叫新闻，什么叫时尚。

进入风尚，侯飞给我的任务是，对不合格的稿件进行结构调整、修改标题、润色文字。但是侯飞没有正视我“给我时间”的要求，上班第 7 天晚上，正逢出刊前的加班中，突然给了我个任务，明天去北京采访。

对于记者来说，这种任务属于小菜一碟，对于跑突发新闻的记者来说，这种节奏简直太慢了。但对于我这种笨鸟来说，留给我的跑道实在太短了。

当时正在制作一个关于“自行车上的中国”的专题，时间紧、任务多、人员少。除了当晚联系好的两个采访对象外，第二天中午在北京的任务是和王小山、张恩超吃饭，让他们帮忙介绍采访对象。

当天下午便采访了王小山介绍的张元导演。由于时间紧，功课没准备好，甚至采访提纲都没有，于是揣着在路上想好的一些问题就敲开了张导家的门。张导对于自行车没什么感觉，十几个问题问完后，我有点黔驴技穷了，说：“至少有一辆自行车让你印象深刻吧……”现在想起当时采访的囧态，实在让人以头抢地。

张导是个厚道人，并没有不耐烦。在他家里，两个人像探索科学难题一样慢慢地挖，总算打捞出一些相关的故事来。这个狼狈的采访给了我信心，在接下来的一周里，屡战屡勇，终于伤痕累累地回到了广州，顺利地交出了稿件。

这次采访坚定了我在风尚稳扎下去的信心，工作开始顺理成章地进行，而同时，我对主笔这个概念开始模糊起来。因为风尚属于粥多僧少的状态，很多人都要身兼数职，于是主笔同样必须是一个多功能体，除了改稿、撰写重要文章外，我同时是编辑、专题组顾问等等。

在编辑部，我被贴上了“勤奋”的标签，虽然对于讲究灵气、技术的媒体人来说，勤奋通常也跟笨拙挂钩，但我乐于接受这种状态，把这当成一种全面系统的维修过程。

于是我认为，主笔就是一个搬运工。有一个故事也支持我这个说法。2011 年，集团工会组织了一次员工旅游，当时忙得灰头土脸的《风尚周报》专题组被赏了这次机会。我和三位风尚的美女在旅游大巴上认识了很多集团的老前辈。

由于整个团就属我年轻力壮，除了三位美女的行李搬运全程我负责外，几位老前辈也经常招呼我搬上搬下。旅程中，一位老太太问美女，你们同行那位小伙子是干什么的？美女说："他是我们主笔。"估计前辈也没听清楚，问："主笔是干什么的？"美女严肃地说："就是帮我们搬东西的。"老太太感慨地说："小伙子人不错，勤奋。回去跟你们领导反映反映，让他当个主笔总管什么的。"老太太的意思是，让我当个搬运工头。

拉扯了这么多，应该回到 2012 了，对于我来说，这是比较重要的一年。勤奋的付出得到了回报，回报的是信任。同事的信任是，改变后期审稿改稿的流程，在采访或编辑初期，主动提前跟我沟通采访方向和撰写方式。领导的信任是，封面文字的制作、以及一些重要的选题都交由我执行。

除了常规的工作外，2012 年比较满意的是策划并操作了几个商业别册，包括新世界地产的《大隐隐于市》、南都全媒体的《一窗一世界》、长隆野生动物园的《动物理想国》。或者，这些并不符合激扬的新闻理想，特别是有时候面对客户那些让人万念俱灰的要求都让人抓狂。但是找到合适的表现方式，达到彼此满意的结果，实际上，也是对一个文学青年的又一次维修。

回到开头的问题。从哪里来，是对迷茫来路的梳理以使自己坚定；而到哪里去，是基于对存在价值的焦虑，目前它已不是问题。而维修或者检修，则是一个长期的工程。

（作者系风尚周报主笔）

围观维庆 3

老余的完美生活

舒 航

有一天老余问我，你还认得我吗？

我说，哦，我认得你啊，即使你化身成时尚达人，我依然认得你。

其实你已经有了草间弥生的质朴，数年前你的背包上就有一个红色的小波点，你还有一件波点衬衣，上面是深色的绿，下面渐变到浅色的红；你还有一件类似川久保玲的T恤，不就是一个红心上两只眼睛吗，好像还是情侣衫；你带那件绿绳穿着的玉坠让我想到了山本耀司，他在方所讲座时我去了，他什么也没带，一个普通的糟老头子；最让人难忘的就是前几年夏天你那些卡通的衣服，村上隆算什么，卡通一代都是浮云，卡通服穿在你身上就变成了4D，你就是广州温暖的初冬在钢筋水泥的狭缝中看到的蓝天啊。

无论如何，你是我在广州五年中遇到的最重要的人，我在两家媒体就职，你都是我的上司。除此之外你在我眼中还是烟友、美食家、酒徒、导游、文学老师甚至是揶揄的对象。当然你不在乎任何一个符号，现代人身上附加的符号越多越能说明问题，所以你才会私下向我表示：你对我的了解还不够多。

还要怎么复杂的经历呢？洗发水厂的厂长，北漂者，少年报人……如果真的要你去选择一个职业，你会怎么选择？我真的迷惑了。在我来到《风尚周报》之前几个月，我们一些旧同事时有出来一起吃饭喝酒，你开始用“Ok”来代表“好的”，用“No”来表示反对，偶尔说说“nice”和“me too”，然后带着一对红眼珠，挺着疲惫的脊椎说：“最近真是忙死了。”你这家伙到底是在炫耀还是诉苦，谁知道呢？

说回你的主笔职位，印象中报馆、杂志社的负责人才称作主笔，比如说《时务报》总主笔是梁启超，《苏报》的总主笔是章士钊，《民国日报》的主笔是沈雁冰，《大公报》的主笔是张季鸾等等，之所以叫“主笔”，当然是说他的重要文字责任，特别是撰写重头文章，像政论、社论、社评、

宋荻：刚认识老余时觉得他真沉默寡言，非常适合主笔这个角色，用文字表达多于用嘴，熟悉后才发现他的啰嗦，每当你对某个采访点不明白时，他就无比耐心地说："那我们再从头说一遍。"这种耐心让他成为杂志的创可贴，专题可以编，别册可以谈，稿子可以改，布景可以搬，一秒钟从文人变搬运工他是行家，虽然每个形象都不高大，但认真的脚步没停歇过。

时评、新闻分析。由此可见，时尚杂志的主笔起码应该是位时尚达人吧，应该是那种一身潮牌，经常出没夜店，对于品牌知识如数家珍，强调细节，预测流行。可你偏偏剑走偏锋，这些对你来说是表象，是浮夸，你认为时尚是一种极致的精神与刻薄的审美。

后来我来到《风尚周报》，见识了你说的"魔鬼训练"和"高强度工作"。正值改版期，各种会议从早到晚，又不能耽误杂志运作，开了会就采访，采访完就写稿，这对一个刚刚进入记者行列的人来说已经是一件费神费力的苦差，更何况整本杂志都要监督的你。你已经患了强迫症，无论是在办公室还是在家里，只要坐在电脑前，你都会习惯性刷新邮箱，无意识打开公共文件夹，然后打开Word逐字逐句斟酌。你有一个外号，叫"拼命三郎"，不行，太土了，太不时尚了，你应该叫"十一楼的性感麻包。"Sorry，麻包属于北方语系，30年前交公粮的时候农民伯伯经常会用来装玉米啊，麦子啊，谷子啊，特征是什么都能装，还装的很多，现在改良成了编织袋，麻包的材质则广泛运用于法国巴黎的时尚T台。

印象最深的是我来报社半年多以后，《风尚周报》开了新栏目"艺术家"，我负责采访撰稿，在做了两期后开始泄气了——无论是从操作方式还是人物选择来说，都与我想象中相去甚远。你毫不留情地在给我的审稿意见中写道：艺术家的生活看起来都很雷同，无趣，一个不是明星又不是时尚榜上的人，在时尚杂志出现，就应该体现他艺术与生活的时尚，另外文字太小女生了。几句话将我的乡愁全勾起来了，几乎暴怒地喊：怎么才有趣？时尚杂志做艺术不做先锋艺术不做当代艺术也就算了，还都做四五十年代出生的老艺术家，怎么引导都说文革说乡村……噼里啪啦说了一大堆抱怨的话，眼泪在眼圈里转，你几乎手足无措地看着我发飙，就在我以为你吓傻了的时候，你不疾不徐地说了句："不如我们重头来过。"天哪，你竟然把墨镜王的金句用到这儿了，真是分裂的楷模，时尚的剪刀手啊，前提是你没有看过《春光乍泄》。

每到截稿日期你就变成一枚安置在办公室采编同事心中的定时炸弹，随时爆发，把大家炸得体无完肤，亲者痛、观者怯。然而每个人都无法逾越对你的敬畏，爆炸之后，残余的形骸总会时刻提醒大家警惕这枚定时炸弹。也正是这枚炸弹，让所有同事都提高了对文字的自我要求。在这里，几乎每个人都需要你，开会需要你，采访和写稿前期沟通需要你，重要选题需要你，你就像是哆啦A梦肚子前面挂着的四次元口袋，无限大的容量让你储备了给人惊喜的宝物。这时，除了你文字方面给予大家的引导和帮助，我突然发现你的人格魅力在于你的波澜不惊且思路清晰，用温度来平衡热度的原则让你总能把别人的情绪安抚得恰到好处，作为《风尚周报》的主笔，你就像加勒比海盗船上的黑杰克，粘上胡子就是德普。

说回时尚。

我问：你知道LV吗？

你说：驴牌。

我问：你对Prada有印象吗？

你说：听起来像熊猫。

我说：MiuMiu你肯定没听说过。

你说：你妹。

其实到现在为止，你所认识的时尚品牌不算多，Hermes、Burberry、Prada、Chanel的发音你依然叫不准，更不认识什么donnakaran、versace、Ferragamo。你只喜欢雷蒙德卡佛的小说和聂鲁达的诗句，偶尔也会在忧伤的时候想起顾城。成为一个时尚主笔后，你依然会在酒后放歌，依然会醉倒街头，依然会在微博上愤世嫉俗，依然会等待希望寻求正义。你说时尚不是表象，不是模仿，不是一堆泛滥的物件，时尚是一种精神，是一种四季万物众生之美，所以阐述时尚最基本的素质不是觊觎权贵，而是坦然。

所以，我怎么会不认得你呢？你是一棵树，你不是圣诞树或者富贵桔，你有树的躯干，足跟连接着泥土，绿叶向往阳光和空气，秋天你会落叶，春天又会发芽，你是夏天的风景和冬天的希望。你自己身上有你独有的特征，你并不轻易改变，却选择了和朋友们一起生存，沉默的生活，有时也随风招摇，有人仰视你，也有人忽略你。你会结出果实，那是收获的季节，当果实落下，你就会和丰饶告别，即使冬雨这时会洒落在你的身上，你也毫不在意。这就是你的完美生活。

（作者系风尚周报记者）

江艺平点评

在289号大院，余维庆算是“杂家”，经历杂，爱好杂。同时他又是“专家”，能在时尚杂志做主笔，理应比常人专业。只是他对时尚的价值判断很特别，颇有超然物外之况味——“时尚，是四季万物众生之美。”杂家眼光，果然与众不同。

阅历

YUELI

李军奇

个人简介

求学于长安，入行于长沙，辗转过电视、周报、日报和网站，人到中年一猛子扎入289号大院。无玉树临风之文章，有胡乱读书、深究人生困境之爱好。

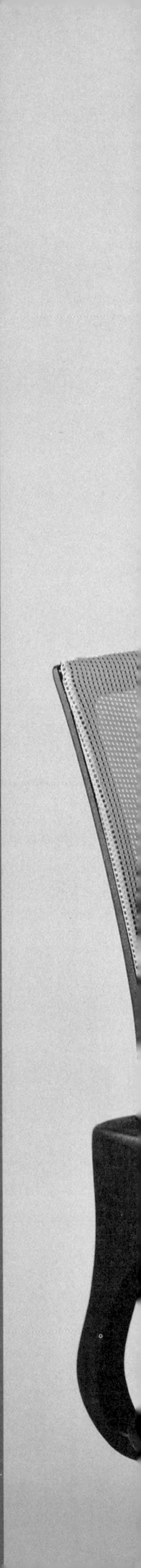

一个迷茫的“土皮”

入选理由

主动灵活的资源组织能力令采访如鱼得水、深入精准；有全局、有细节、有观点、有故事的文本写作力透纸背；兼顾稿件汇总、图片风格、版面节奏、专题逻辑等方面的编辑工作张弛有度；有条不紊、守时而有礼的工作作风为编辑部同事做出榜样……采访、写作、编辑，再加上工作作风，李军奇为全面型的优秀媒体编辑做出范例。

记者
感言
1

干脆说破吧，媒体这行当，亦有偶像与实力的两派招牌。战旗猎猎，城头变幻，这些年叱咤江湖的新闻大侠，莫不傲立于某面旗帜下。间或有偶像兼实力派的，左右游走，通吃天下。

以娱眼观之，我等以残疾之躯迈入新闻之门，真是自不量力，前途显然惨淡。

最好的去路

昔日闯荡江湖，实在是歪打正着。毕业后，慕名前往某知名卫视，鉴于暗无天日的幕后生涯，实在辜负乡亲的期待（他们总是惋惜地说在电视上看不见我的脸与名），于是仓皇出逃，让自己的名字开始踏实地印在一家报纸上。当年在大学积攒的青春怒火，如机关枪一般扫射，我找到了接地气的表达方式。老实说，那时能踏入电视大门，真是佩服了那个招我进去的总制片人——居然敢将一个普通话蹩脚、面相乡野的人纳入帐下。崔永元看了，也会偷笑的。

而后，离开媒体，又回来。必须承认人和人是相同的。譬如必要的名利追逐，譬如对安全感的向往；但也必须承认，人和人还是不同的。这不同，不必用牛逼之类的词汇去美化，而应用人性的参差多态来解释。我喜欢有点动荡的舒适。心火不能萎了，哀莫大于心死，大致说的是这个意思。

借用一段《龙过鸡年》里黄秋生老师扮演的臭流氓说的话："哥虽然没什么钱，但十亿八亿的还真没放在眼里。"顿了顿，再说："但二十亿哥就放在眼里了。"这二十亿，在我看来，就是有点分量的追求。

一日，与身处南方大院的老友无意聊起个人的职业想法，他倒痛快，"到我这里来吧"。一句话，勾起了我的斗志。

感谢妻子的理解，她的放手，更让我感到出走的为难。夫妻之道，由信任而派生出的支持，最能赢得感情的回馈、婚姻的醇美。她肯定有百般不舍，但她相信我不是一时的冲动。我甘愿承担由此带来的种种艰辛。

朋友的信任与召唤，妻子的理解与放手，坚定了我南下的信心。但说实话，对于一个将近中年、生活在社会底层的人，能在一份男性精英类杂志做些什么，我一直忐忑。前段人生必须清零，如今没有可依仗的资源，加上向来对这份杂志的敬重，使我有种无从下口的感觉。但无论如何，289号，我来了。

在本命年南下拼搏，在某个朋友眼里，委实是个不要命的举动。但说老实话，有些事情真是命中注定的，仿佛一个潜伏的铁锚，浮起水面，是不出意外的事情。

这也是一种缘分。在大学，与好友写过《南方周末》的读者调查报告；工作期间钻研过周末的种种写法；亦在周末发过一篇不甚理想的稿子；2001年，亦陪同领导参访南方大院，拜访低调的沈颢。这些与南方大院的片段接触，勾画出我理想中的向往，但这只隐藏心底的“铁锚”，模样模糊，更不知何时起锚。

在本命年南下拼搏，在某个朋友眼里，委实是个不要命的举动。但说老实话，有些事情真是命中注定的，仿佛一个潜伏的铁锚，浮起水面，是不出意外的事情。

2011年的4月16日，这一天来了。不过，人进中年，作为老炮，我已学会无视自己的相貌。

最好的姿态

没有停歇，我开始了南下的奋战。加班成了我的日常形态。很快，做了人生第一个PPT（这个从公关公司流传出来的最浪费心力的魔鬼），学着做杂志的封面专题。喜欢这里忙中的轻松，或者说外松里紧。这里，没有“某总”，只有“某老师”。

我“总”是忙着，“总”在办公室；人人皆我老师。

寻找个人的擅长领域，调整个人的状态。人生需要代表作。代表作，不只是事业的巅峰之谓，还应有做人的圆润，譬如处事的厚道、家庭的和睦。我一样都不想少。我不是狂人，我只想抵达个人想要的状态——这状态，不以他人为标尺，只以个人的满意度为秤砣。

2012年，杂志改版，它更乐意做一本中国的《名利场》。“在这里，读懂精英阶层”。我惶恐地承担地制作封面专题的重任。记得第一期做经济学家这个选题时，老大再三强调，拍不到图片，选题就是失败。我是怀着炸碉堡的壮烈心情北上采访——如果此役失败，我打好背包走人。

与主办方沟通，与摄影师沟通；如何拉人拍照，自我介绍，我与同事一遍遍操练。同事说我的过分小心，都有点强迫症了。所幸，厉以宁、高尚全、张维迎，都来了，都被拍到精彩的图片；也专访了华生等经济学家。

头炮基本放响，它以原创的个性图片与有细节的特稿写作奠定了杂志介入精英人群的力度与深度。更深入，更生动，于是成了一期期封面专题的努力方向。如何找选题，如何说服领导，如何拍到精美的图片，成为年度最大的焦虑。

从没有理想的生活，理想的生活总在他城。一日和一家媒体的兄弟聊天。他始终彷徨，苦闷工作近十年，依然以码字为生。他有点艳羡有点叹息某些同行的神通与收入的可观。其实，这始终是新闻从业者的沼泽地。

媒体，尤其是那些市场化媒体，在转型期的中国，自觉

代表作品 2

作品名称：暗战——庙堂经济学家的权力交锋

刊载媒体：mangazie | 名牌

发表时间：2012 年 1 月号

作品影响：这是杂志改版后的第一期封面报道，客观地展现当前主流经济学家之间的明争与暗斗，精准地勾画了几代经济学人的学术传承与权力谱系。刊发后，相关学人索取杂志，对杂志的客观报道表示认可。

代表
作品
2

作品名称：奢玩——富豪玩具竞速中国

刊载媒体：mangazie | 名牌

发表时间：2012 年 8 月号

作品影响：超跑、豪华游艇、私人飞机，生产、销售、富豪，三个行业，涉及 9 类人群，我们尝试以故事与细节勾勒出物欲时代富人最顶级消费的趋势与真相。读者反应：如此特稿，采访扎实，线索清晰，结论有趣。

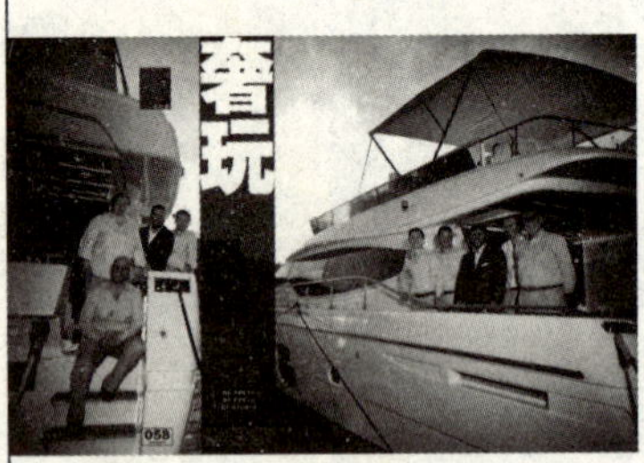

作品名称：九二派——新士大夫涅槃之旅

刊载媒体：mangazie | 名牌

发表时间：2012 年 10 月号

作品影响：1992 年左右从体制内走出的官员、学者，成为当时市场经济热潮的热烈推动者。时至 2012 年，他们成为商界与社会中坚。他们怀有家国抱负，虽是新“士大夫”，但亦是速成的。在微博上，“92 派”“自我流放”、“流放者归来”这个话题，经杂志传播，得到了热烈讨论。

担负起瞭望者与监督者的职责。你可以说这是生存的迫使（其实，基于经济的逻辑，更能让监督与批评持久与自觉。至于敲诈与商业谄媚，那只是衍生问题。充分竞争，必然更优秀者脱颖而出），也可以说是勇于担当的士大夫传统。处于其间，有职业追求的记者，以青春与理想做笔，随着家庭的成立与挫折的增加，职业的厌倦与瓶颈期悄然而至。如何处理，似乎在当前的国内，没有解决方案。

其间，我们又谈起外界传言的某杂志培养机制的良善与宽容。似乎美誉过多，观察日久，发现这样的机制并没有倒映于杂志质量的提质上。这让我有点怀疑观察者的客观性。

一番叹息，顿起人生退意，突然催稿的提示铃声闹起，一阵寒颤。一番斟酌，发一段微博励志：“过好自己。世界上有千万千幸福的路，不要强行羡慕他人。重蹈别人的幸福道路，收获的从来是不满足与遗恨。”

做个“土皮”容易吗

尽管贾彰柯专门撰文提醒，成名人物不必诗化自己的过往。但毫无疑问，贾彰柯在各种场合都不自觉地缅怀着一个县城青年街头迷茫与内心单纯的青葱岁月。县城人际关系的直接与简白，县城生活的单调与暧昧，县城文化相对的粗鄙与功利，对于走出县城的回望者而言，是一种大都市难以寻觅的温情记忆。这种温情，往往孕育了县城青年对理想生活的渴望，对庸常人生的批判，对个人前路的迷茫。我向来以为，迷茫是一种使生命保持奔跑状态的基本要素。这也就是我为什么又开始讲述自己出身的理由。迷茫如胎盘，滋养和决定了我的心气——不服输，不安于舒适。

相对县城青年的，是小镇青年。这是一群深入农村，亲近乡野而又在组织形态上靠近城市生活的半县城青年。他们往往被城市俯视，而又甘心被乡村化的中间阶层。小镇青年可以不务农事，但调情的姑娘，可能是临近村庄的小芳；小镇青年可以惹事街头，但磨拳霍霍的对象，或许是比自己高几个辈分的同宗同族。

小镇青年和县城青年，都是城市侵犯村野的凌厉打手。他们满身风尘，听得懂空旷的田野大风，嗅得准腥气浓郁的大地体味。与粗糙的自然为伍，和简单的物质往来，身上多少会残留无知无畏的霸气与乡土宗亲的礼数。既能逃离农事，又可近嗅花草；既怀改造人生之雄心，又有高远的享受精神的人文情怀。显然，这些特色，是大都市青年成长史中的缺憾。

关于小镇青年与县城青年的精神发育史，集团兄弟刊物《城市画报》有个精彩结论——从土皮到雅皮。这些散发这泥土气息的非大都市青年，正以其生猛的对人生的进取之力，拓宽了当代城市生活的胸怀，钻探着当代城市生活的精神深度。这些雅皮们，日益成为城市生活的主流英雄。

很遗憾，我无法归类。我出身于农村，但父亲常年工作于外。工人之子，乡土生存。记得少时填表，到了“家庭成分”之栏，我常犯难。写“贫下中农”吧，感觉土得掉渣，哪有“贫下中农”拥有当地第一部收音机与自行车的？写“工人家庭”吧，又天天看见母亲像男人一样干农活。于是我经常在“贫下中农”和“工人家庭”蹦跳。那段父亲来信了，问候我了，我就写“工人家庭”；那段时间农活多了，我被母亲骂了或者被爷爷夸奖了（“贫下中农”的名分反正是爷爷争取的），我就写“贫下中农”。我的这种机会主义的骑墙做法，还好没被班主任揭穿。

像我这种一脚扎入泥土，一脚伸向城市的孩子，在广大中国，应该不算少数——父亲上个世纪五六十年代响应国家号召，建设祖国，从此洗脚上田。很可惜，那时出门的男人基本成家，未成家，老婆都会找个老家的，于是大本营留在农村。有门路的，过若干时间，将家属的户口迁往城市，即使老婆没有工作，但家庭彻底与农村划开界限。没门路的，开始了几十年的两地奔波。印象最深的，是父亲每次回家，我和姐姐们长时间的兴奋和远距离的奔袭——车站离家十里，这对一个不足十岁的少年而言，有点长征的味道。父亲大包小件，足拉一三轮车。长时间不见父亲，有点胆怯。长年在外，父亲没有学会如何亲近自己的儿女，这是我们姊妹对父亲隔膜的原因所在，这也使得自己在性情养成上，个性过于偏执，怒从心中起，恶也易自胆边生。想想，这种人格，还真是一般人心目中的记者人格。

家长一方在外的乡土少年，容易诱发对山外世界的想象，容易改造乡土的胎记。比城镇青年更诚实与拘泥，比县城青年更寡闻与笨拙。这是一群比小镇青年更泥土的“土皮”。

总有一些“土皮”肆无忌惮，即使穿行在都市，也无法“雅皮”——形象依然落魄、精神依然迷茫。在偶像与实力派的“新闻骑士”之间，“土皮”无法归类，他没有偶像派的玉树临风，没有实力派的一剑定乾坤。“土皮”，充其量只能算“逍遥派”。做一块质朴的“土皮”，也挺好，尽管，这个“土皮”，时常迷茫。

（作者系名牌杂志记者）

围观
军奇
3

微笑“硬汉”

王思尹

世纪初刮过一阵“食草男”风潮，男人开始蓄发护肤，读书玩物。温文尔雅的忧郁哲人和天马行空的科学极客（geek）成了性感男人的全新标杆。然而女人善变，未满5年，万千女性对软软糯糯的男子就已饱食过度，纷纷抱怨男儿不硬，国将不国。

能够被套上“硬汉”二字的男人无非具有两点特征。一是外形硬朗，肱二头肌可做锤子，胡须可做钢针；二是脾性硬气，能讲“不”一个字，绝不讲“不行”两个字。书卷气是绝不能有的，微笑更是禁忌。

就在这样一个硬汉回归的时代里，我遇见了李军奇，一个微博名号叫“微笑漏网鱼”的同事。

刚进编辑部的时候仿佛坐在异空间里，常堕入尴尬的静默。无助的枯坐中，一个圆圆的男子摆入了我的视线，笑容温厚，口齿细碎。

第一印象确认，这是一个毫无攻击性的可爱之人。

我决定抱紧他的大腿榨取职业秘技，管他喊李老师。他不让，非让喊名字，只好委曲求全喊军奇老师。

开局似乎轻松愉快，一次，他向我约稿，500字人物综述，两天后截稿。才准备扒拉资料通读动笔，一颗蓝精灵一样的圆脑袋从杂志墙那边探出来，“我给你发了点资料，看看”。点开，整整30页的人物新闻截取。我略受惊，已经整理出如此丰富的材料，自己动笔应是手到擒来，时间也充裕，为何还冒着稿子不合心意反复修改的风险让一个新人操刀？顿时万丈佛光点亮世界。我默念好人一生平安，吭哧写完稿子火速发给他。

“文章结构还可以调整一下，结尾给个定性。”“可以突出这部分内容，字数有限，那部分略微带过即可。”“语气还可以尖锐一点，不要怕。”从文章结构到内容选取再到遣词造句，军奇老师手把手的引导我修改，500字足足改了三遍，往复讨论的时间绝对够他写完一篇人物专访。有一个细节更是令我难忘，他千叮咛万嘱咐，500字就是500字，千万不要超，不

@口二八刀 ：@**微笑漏网鱼**（李军奇）说是年度评价，我却只认识他半年。在我眼里，业务上，他是这本生活方式杂志里最“新闻”的。同事交往中，他是个懂得和气生财的好人。而在溢美泛滥的“好人”堆里，他又是最无惮批评、直言不讳的那一个。

然美编排版会很麻烦。

第二印象确认，这是一个心里有别人的仁厚之人。

之后在军奇老师手下陆续写过几篇短文，日日被催日日改稿。“改多了就习惯了”，军奇老师如是说。后来一起做“名望报告”别册，他负责内容，我负责协调项目进度。本以为翻身农奴做主人，可以催他按时交稿，没想到我连项目进程表还没做完，军奇老师已经把前期能做的稿子全部准备妥当，后续的文字也安排好作者跟进，我手里一半的工作毫无预兆就完成了。“轻松得好挫败啊。”我兀自感叹。

后来我才知道，军奇老师同时承担的是肩负让我们杂志成为“中国《名利场》”重任的封面专题，白天周旋于各界大佬云集的顶级聚会，夜里奋笔疾书剖析精英圈层的权力运作。用大白话来说，他手里都是最难访的人，和最难写的稿。再后来我才知道，那时他的专题已经准备到明年2月，而大部分人还沉浸在国庆长假的闲散里没回过神。

第三印象确认，这是一个打仗干净利落的靠谱之人。

有日和军奇老师聊完工作已是深夜，夜雾重人心软，便聊到了生活，发现老师是单身赴任一族。这就解开了他每日最早到办公室，又工作至深夜的谜团。“单身赴任”是个日本名词，专指离开家庭独自奔赴外地甚至外国工作。中国人重家庭，单身赴任较为罕见，要不连根拔起，要不宁愿留守旧地。后来年会小酌了几杯开了话匣，军奇老师回忆起峥嵘岁月，从电视人到半吊子商人再到离开妻儿只身南下弃商从文，他说“人总要有点儿想法”。和他包容万千酣畅淋漓的文风不同，说起话来他总是很朴实，甚至偶尔磕巴，那一夜尤甚。“谢谢我老婆的理解。”提起妻儿他有太多的话纠结成巨大一团堵在喉头，感情太汹涌无法分解成细流，最后生生吞了回去。

我见过军奇老师的儿子两次。一次是孩子静静地坐在同事怀里看动画片，军奇老师在旁边协调采访大佬的事，不时回头关切儿子。还有一次小男孩在办公室里撒欢，同事要送他一朵花状的布偶，他开心得不得了。爸爸问他："男孩子要什么花"，孩子说："可我想要。"我问孩子为什么想要花，孩子说，"因为我想送给妈妈。"那一刻，我想军奇老师对妻子的爱，已经完全地投射在了孩子的一言一行。

第四印象确认，这是一个兼济家国天下的顶天立地之人。

个子不高，衣着不潮，体脂肪率目测在15%；总是眯眼微笑，眼角因此堆满鱼尾纹；喊人做事会摇摆着走过来柔软地叮咛。换做从前，就是把我揍死也不会承认这种人和硬汉有半点关联。但如今，李军奇已然成为我心目中兼有刚度和延展性的钢铁般的汉子。就在我行文之间，这位硬汉又提交了2013全年的封面专题策划，而距春节还有足足16天。

（作者系名牌杂志品牌经理）

江艺平点评

以平常心看上流社会，以"土皮"底色做"雅皮"杂志，乡土青年李军奇可谓别具一格——不迷失，不矫情，不谄媚。底层奋斗的人生阅历给了他难得滋养，所以有自嘲的底气，有自重的定力，有时还会有那么一点自得——读懂精英，非浪得虚名。

异彩

YICAI

季天琴

个人简介

江苏靖江人，南京师范大学历史系本科，复旦大学新闻学院硕士，2008 年进入《新民周刊》，2010 年 12 月入职《南都周刊》。

我的 2012

2012年度记者 入选理由

2012 年，季天琴有三组报道在中国新闻界引起广泛关注：《起底王立军》、《BBS 往事》、《悍匪末路》。季天琴关注领域在时政和法制，《起底王立军》是季天琴从 2009 年开始关注重庆时局积累而爆发的高峰之作，视野开阔，调查缜密，结构严谨，逻辑清晰，整组专题几乎凭借季天琴一己之力撑起，乃大开大合之作。《起底王立军》专题被誉为 2012 年中国媒体最有影响力报道之一，季天琴作为主力记者，当记头功。《BBS 往事》，体现了记者深厚的功底，以及对 90 年代来中国网络生态的了解，文本平实克制，但完整梳理了中国自 BBS 时代至今十余年互联网言论生态的发展轨迹。这一年，对季天琴来说，是丰收之年，也是飞跃之年，凭借今年的三组报道，季跻身中国最优秀的调查记者行列。

记者感言 1

去保山的机票

2012年2月2日，南都周刊正在惠州市南昆山上开年会，山上没有网络，3G信号也不稳定，但同事们仍顽强地通过各种渠道关心着国家大事。

这天，王立军不再兼任重庆市公安局局长、党委书记的消息传来，饭桌上简陋的饭菜阻挡不了大家挥斥方遒的劲头，都在分析王这是要被冷藏或被重用。

作为打黑的主要演员，王立军来不及谢幕，便匆匆离开公安这个大舞台。这隐约让人闻到了几分腥风血雨的江湖味道。周刊内部同仁的总体判断，这对王本人并非利好消息。

石扉客在饭桌上当众承诺，如果王的仕途果真要到头，他会送我一张上海往返云南保山的机票。

保山的事，还要从2011年说起。

2011年3、4月，我和另外2名同事低调入渝，准备一期《围观重庆》的封面，期间对各路人马围追堵截，却到处碰壁。

我甚至要诈，骗取一当事人与我见面。接上头后，对方称，其实已察觉到我的小伎俩，但考虑到我工作不易，于是见上一面。他表示，他目前仍被专案组控制着，见记者要向上面汇报，并请我谅解。我一个激灵，把名片从他手里抢了回来。

数天后，我们收到了要求撤离重庆的消息。

过去三年，特务统治和监控窃听在重庆大行其道。我甚至揣测，其实不须任何人汇报，我们很早就进入了警方的视线，他们只是躲在幕后，观察我们的行踪和意图，等到我们真正构成了威胁，才出面逐客。

为规避风险，《围观重庆》的封面被取消，3篇单稿分期出版，我负责了其中的《红岩下的西南政法大学》和《红色卫视经济账》。2011年5月，西政一稿截稿当天，为了核实王立军西政兼职博导一事，我分别短信、电话王立军尾号“7777”的两部手机，望其回应“秘书主动找到西政法学院，申报中还缺些材料”的说法。为了让措辞显得柔和，我斟酌良久，在短信发送的最后一刻，又加上了向其致敬之类的恭维话。

当晚 21:08 分，我接到了一个来电，正是王立军的号码。不过，话筒中无人出声。8 秒钟后，对方挂断了电话。

石扉客在线上得知这个消息后，对我感叹了一番他对重庆的判断，诸如“人性黑暗、手段下作”之类，甚至希望我连夜转移。

当晚，他心情沉重地请我在五角场吃夜宵，我吃了一锅牛蛙。我分析，对方不可能有什么真动作。他们好意思对一个女生动手么?

吃完夜宵，石老师心情依然悲壮，却再不提转移的话题。

2011 年 12 月 30 日，某打假斗士微博爆料，称石扉客意图收集王立军的学历、学术黑材料。次日，石扉客家人的详细户籍信息全被挂到了网上。网帖里还称，他与年轻貌美的本人保持不正常关系，还在保山开房。

3 月下旬，我看到了王立军“起居注”，他的会客记录。 有一个多月的时间，我每天都被各种新鲜材料折磨得神魂颠倒，以至经常神经质地发出感慨：我何德何能，居然能看到这么神奇的材料?

年轻貌美这个词用得相当好。却是我第一次听说保山，还特地去搜索了一下保山的风物人情。

因为事关家人，石老师急红了眼，排查来排查去，确定了几个嫌疑方，但我们最倾向于把这笔帐算到重庆头上。

一个月后，王立军的消息传到南昆山上。我随口提出：我还没去过保山呢。

一向屌丝的石老师一口承诺了机票，虽然事后他掰着指头算过几次票价。

背后的男人

年会结束后，我直飞北京，采访《BBS 往事》。此文以过去十年致力于公共参与的 BBS 为蓝本，纪念公民论政氛围和民间维权运动逐渐老去和新生的岁月。我在这篇稿子的导语里写道，这是一篇写给互联网的情书。

在准备这篇情书的同时，我每天还忙着刷微博。就像自始就在围观重庆的各方观众一样，在惊愕中，目睹了中国近三十年来最具观赏性的政治变局。

2 月中旬，赶赴重庆，采访目标那时已经确定，就是《起底王立军》。最初永远是找熟人下手——当地记者、律师、高校教师。仅仅一周后，采访资源便捉襟见肘。我还没能接触到重庆警界人士，采访还在外围打转。

焦虑到丧心病狂，每天在网上、微博上搜寻，但凡看见有人能说点关于王立军事件靠谱的信息，我就巴巴地把人家的资料、微博都翻一遍，判断对方知道多少，有无接近的可能性。

3月2日，某ID发帖称，重庆将就王立军事件召开小范围的通气会。我约其见面。谈资依然很边缘化，围绕着王立军的些许轶事。道别前，我照例问：您看我还能找谁？

对方给了我一个联系方式。他说，如果这个人愿意为我背书，一切问题就能迎刃而解。

我拨通了那个号码。对方居然对我们2011年的重庆选题耳熟能详——西政、李庄案、种树政治，并对我们在薄王时代坚守底线表示赞赏。

他告诉我，现在情势还不够明朗，一旦内部人士愿意开口，他会联络我。我返沪等待。

3月14日，温家宝在记者招待会上表示，现任重庆市委和市政府对王立军事件必须反思和吸取教训。这是重庆形势急遽转换的分水岭。当天，我去电重庆，对方欣喜地通知我：马上订机票吧。

3月17日，在一茶楼里，我首次见到龙盛亚（化名）。他接过我的名片，半晌后迟疑地问我是不是写过什么针对重庆和王立军的稿子，然后欢快地给一警官电话，望其前来助阵，并介绍了我的背景“你们整过她的黑材料”。当天，光谈话录音整理就有7万余字。

茶会散场后，龙说，还有些材料他想让我看看。在王立军时代，

代表作品 2

作品名称：起底王立军

刊载媒体：南都周刊

发表时间：2012年12月17日

作品影响：被誉为2012年中国媒体最有影响力报道。

代表作品 2

作品名称：BBS 往事

刊载媒体：南都周刊

发表时间：2012 年 5 月 28 日

作品影响：BBS 往事，体现了记者深厚的功底，以及对 90 年代来中国网络生态的了解，文本平实克制，但完整梳理了中国自 BBS 时代至今十余年互联网言论生态的发展轨迹。

BBS 往事

他感受权力对人性的侵噬，立志为历史留存一份草稿，保留了每天记工作日志的习惯，秘密地写下自己的所见所闻所感。

通过这些日志，我们一起对王立军的性格特征、行事风格、审美趣味、价值取向进行了拼图。

更大的馅饼还在后头。3 月下旬，我看到了王立军“起居注”，他的会客记录。有一个多月的时间，我每天都被各种相当权威的原始材料折磨得神魂颠倒，以至经常神经质地发出感慨：我何德何能，居然能看到这么神奇的材料？有这么多贵人义务襄助？

在后来面世的《打黑真相》一文中，龙盛亚列为作者之一。不少人好奇龙的身份。我答：我背后的男人。

我们自己的通稿

在《起底王立军》8 篇稿件中，我负责 6 篇。打黑、治警、包装、学术、辞典等 5 篇稿在 7 月已经完成初稿。

因为材料丰富繁杂，每次改稿都是大刀阔斧，期间被石扉客吼过无数次，也曾多次和石老师吵得拍桌打凳。

我们分析了这组稿子的风险，及可能引起的反击，最终决定了每个细节和证据的使用，最大限度地将风险控制在可控范围内。

8 月，周克华案发，我再度赴

渝，除周案外，我此行还有一个任务：将王立军的5篇初稿给相关人士过目。

周在星期二被击毙，我们的截稿日。当天我足不出户，靠着前方的资料，完成了封面报道《悍匪末路》。这篇稿子的署名是“贾凌绛”，嘉陵江的谐音。用这个笔名，一是不希望外界窥见我在重庆，二是感念我和这个城市的缘分。对于来自同行的询问，我也一概否认我是作者。当时唯一的想法，就是在王稿面世之前，一定不能生事。

8、9月，薄谷开来、王立军案相继开庭，加上李庄微博等小型通讯社的爆料，我们手中捂着的材料每天贬值，于是商议加上11.15案的信息。石扉客野心勃勃地要求我：要提供一篇11.15案的、我们自己的通稿。

这个难度超出我的想象，几乎让我绝望，但柳暗花明又一村。“11·15”案的信息，也得益于几位关键人士的帮忙。10月，我找到了其中一位关键人物。此前，我每天都在微博上悄悄关心他的行踪和行事方式。那是下午4点多，他刚发过一条网页版的微博，而非平常显示的iPhone和Android手机客户端。我判断他应该在办公室。

应该有很多人此前都找过他，但悉数遭拒。他也向我坦陈，他需要体制的认可，给我提供帮助的话，风险太大，抱歉不能满足我的要求。一番交流后，他承诺可等到合适的时机。几天后，他最终松口：好吧，你明天来吧。

关键材料的获得，多种证据的相互佐证，摒弃有瑕疵的证据，排除掉可能出现的风险，又和新华社通稿、人民日报评论员文章等官方权威材料做反复校核，最后《东窗事发》在10月成稿。但出稿时间还是压到了年底，十八大后。上版之前，主编陈朝华、执行主编许庆亮、编委石扉客和潘葱霞都表示，如有风险，他们承担，让人感慨南方报业保护记者的传统仍在薪火相传。

“王八篇”出刊后，石扉客在评报时郑重宣布：小季已经拿到了我送的机票。

2012年9月，为了填补版面，我仓促写了一篇《哈儿律师浦志强》。老浦和我皆有历史系背景，他经常跟我重复那句“我们都是历史漩涡中的个人”——这句话几乎浓缩了我2012年的生活。我不是个政治敏感的人，政治的藤蔓却爬满了我的生活。世事一点都不安稳，所以岁月对我而言一点也不静好，有时想想也不免满腹牢骚，但是来自陌生人源源不断的帮助，鼓励我走了下来。感谢那些冒着风险把真相递到我手中的人，让我不好意思辜负你们的信任。

（作者系南都周刊记者）

围观
天琴
3

起底季天琴

石扉客

忝为同事和朋友，我一直不知道该怎么评价季天琴。

遥想第一次见到季天琴，是在 2008 年底的一次采访中。

依稀记得那是个下午，阳光不错，地点是万航渡路的华政老楼。我在那里和“反革命”教授杨师群关着门聊天。一个披散着头发的风衣女孩前来敲门，自报家门是新民周刊的记者，希望就“反革命”事宜采访杨教授。上海本埠的记者居然涉足这类基本不可能报道出来的敏感新闻，这是彼时该女留给我的第一印象。直到我的稿子见报后，她搜出我的 QQ 来联系我，我才知道，这个身材高挑的女孩有个听着很文艺的名字：季天琴。

季的住所和我离得不远，于是在尔后的几次饭局中又数番见面。我约略知道她是江苏靖江人，出身复旦，毕业刚到文新不久，而她的导师也居然是我亦师亦友的洪兵兄，自此大家交往渐多。2009 年，我远赴欧美，年底看到她以新民周刊记者的身份在重庆发来的李庄案报道，觉得这是一个用心的记者。彼时，我们在 MSN 上隔洋交流对重庆事务的看法。她在前线的发现，和我的判断基本吻合，我嘱她可留心王立军的学历与法医技术，或许以后可派上用场。现在想来，这应是南都周刊重庆报道的萌芽与准备阶段。

翌年回国后，我受命打理周刊新闻版块，于是邀她加盟。记得那次是 2010 年 11 月，在黄兴路大润发的上岛咖啡里。盖因此女虽身段苗条，食量却颇为可观，每次见面都一门心思地沉浸在埋头大吃里，几乎无暇抬头说话，谈笑间四五个菜一扫而光，于是我特意选了喝茶这一经济文雅的方式。

季很爽快就答应了。仔细想来，这并不意外，毕竟这种彼此之间的信任，此前已经有了近两年的慢热。按照此前的观察与了解，我安排她主攻法治领域。而季在周刊领的第一题即是一块硬骨头，报道对象是某省委常委兼政法委书记。这个警媒关系中的典型报道反响不小，麻烦也不少，幸

孙炯：她硬朗，易哭；有脾气，缺温顺；智力优越，丢三落四；冲锋陷阵，生活稀薄；贪肉食，不发胖；波斯美人，不羁干净。总渴望休假式治疗，却长夜写稿；去恒隆置装仍是念想，领导允诺发个登山包好利索出差；正气傍身，追求者不敢造次。

而我们和周刊都全身而退。

尔后是著名的乐清钱云会案系列报道，从案发时的《围观公民观察团》，到钱案核心证据《表》，再到审判时的《乐清犯人》，季连续做了三篇稿子，横跨2011年春节前后的三四个月。钱案之后，我们即开始兵发重庆，操作我策划的《围观重庆》封面报道。鉴于此前重庆报道的经历与经验，季成为当然人选，她和另一位周刊同事曾向荣联袂前往重庆。

这次报道并不顺利，对方警惕性很高，两位记者不久即被遣回。这个封面也被迫肢解成四篇报道，分批单篇刊出。季操刀的那篇《红岩下的西南政法大学》，成为此中影响最大的一篇。采访过程中，季数次和王立军直接间接接触。很难判断王彼时的心理活动，但季的表现给我留下了深刻印象。是晚稿子上版后，我开车接上她请吃夜宵。季有几分紧张，但不失镇定，更多的却是几分好玩和顽皮。

这基本符合我对她的观察。季自始至终不是那种非常积极主动的记者，对宪政民主没有感觉，对国运民瘼没有冲动，对社运型记者趋之若鹜的各种热闹社会活动望而生畏，基本算得上是胸无大志的宅女，也几乎和新闻理想这四个字无缘。

但她具备做一个好记者的基本素养。善良，悲悯，冷静，以及惊人准确的直觉与相对靠谱的责任心。

我特别想强调的是后两者。季经常是依恃直觉而不是逻辑与专业分析工具来下判断，比如对采访对象的靠谱程度，再比如对事件走向的脉络。我尊重这种采访过程中的直觉，这个有点像诉讼中的直接原则和言词原则，类似古代中国庭审中的“五声听讼”，这是记者必须到现场的缘故。我也相信这种直觉和她的女性身份有关系，这也是我一直觉得女性比男性更适合做调查记者的原因之一。另外，季基本是个乐天派，但每次采访都焦虑无比，生怕无法交差。不止一个和她一起采访过的同事，向我描述过她在前方急得哇哇大哭的样子。这种焦虑，其实也是好记者的重要素质，焦虑是因为着急，因为怕稿子不好丢人。因为焦虑，所以靠谱。

我也喜欢她不扎堆的习惯。正如我的老同事，乐清公民观察团成员朴抱一对她的赞誉：季是那种喜欢静悄悄站在人群里，多看少问的记者。心思细密，观察敏锐。季的确是这样，极少扎堆，也从不会咋咋呼呼地发微博。2012年从事重庆报道的那段时间里，她悄无声息，以致不少媒体朋友误以为她跳槽或者出国了。不少优秀的记者都有这个偏内向的性格特征，比如长平、李海鹏、龙志、杨潇等。这是个很有意思的现象。

在采写技术上，季和这些业务精湛的同行应还有不小差距，但我始终认为，对这个世界的好奇心与浓郁的八卦气质，是她到目前为止还留在这个行当的主要原因。做乐清是因为对公民观察团各色人等的好奇，做重庆是因为对极端状态下人性复杂幽暗程度的好奇。后来在重庆做各种采访，和王立军的各种直接间接接触过程，包括2012年全年的起底王立军，我觉得季都是在这种好奇的心理状态驱使下。也许等到哪天她的好奇心散尽了，她就会毫不犹豫地离开这个行当。

但如果你以为季天琴就是那种深思慎行的记者，那一定是想当然的误判。她在生活细节上的粗枝大叶，就像在采访时的敏锐直觉一样知名。她随身提的各种大小包包，永远像是一个乐呵呵的傻子，张着大嘴等着小偷来光顾。就我视野所及，她已经前后丢了三次信用卡以及身份证。每到丢了钱包的季腆着脸来找我帮支付淘宝上的各种账单时，我总会狐疑这人是不是我所熟悉的那个季天琴的孪生姊妹。她对周围同事各种八卦事务的直觉，比她采访时的直觉还要敏锐。我有时会想，把季天琴介绍到谢晓那里去任职是否会更合适……

如果你以为季天琴就是那种温良恭俭让的同事，那还是一厢情愿的误判。如果纯以上下级同事关系来衡量，季天琴是我的噩梦。盖因她会经常性地不讲任何逻辑，不顾任何语境，直接跟你翻脸。我自认脾气不小，但碰到季这样咄咄逼人以疯狂攻击领导为乐的记者，也只能自认倒霉。某次和她导师在一起的三人饭局上，我被她气得拍案而起，当场拂袖而去……往事不堪回首。

这种恶毒攻击的范围，一般从痛说家史开始，哭诉如何被我从温香软玉的文新集团拐骗到苦大仇深的南方报业，接着是哭诉苦逼的2011年，更加苦逼的2012年，可能还会接着苦逼的2013年。

最近的一次攻击发生在2013年1月底，周刊上海站在乌镇小憩。是夜，乌镇月黑风高，当着主编许庆亮的面，季天琴照例突然发难，新仇旧恨俱上心头，泪水与酒水齐飞。那情形，很像是土改时喜儿站出来怒批黄世仁。

饶是如此，我这个黄世仁也只能叹息。对比其他财大气粗的兄弟媒体，季确实算得上是苦逼。每一次出差，都得精打细算。在重庆，兄弟媒体少时五个，多时八个，记者、编辑、总监齐上阵。但周刊绝大部分情况下都是她一个人在孤军奋斗。为某次开庭传言的判断，我们绞尽脑汁，搜集各方信息竭力甄别真伪，就为不能浪费任何一张机票。某次在国外出差，为了省钱，甚至只好和摄影记者同居一室。也奇怪，居然不出绯闻。以致她能很得意地和那位男记者一起四处宣讲：我心光明，亦复何言……

乌镇酒桌上，我对许庆亮说，自 2008 年 1 月到周刊，五年来，周刊三个江浙女性和我结下了深厚友谊，言必践行必果，可信任可托付。第一个是我在 21 世纪环球报道时的老同事，当初忽悠我来周刊的陈宇；第二个是陈宇走后我的编辑，现在我的搭档，周刊驻京编委潘葱霞；季天琴，是第三个。

写到这里，蓦然想起 5 年前的现在，是陈宇为我写年度记者的“同事点评”。4 年前的现在，是潘葱霞为我写年度记者点评。一晃五年，陈宇早已离开周刊，负笈海外。潘也已携全家北上。现而今，轮到我来给季天琴写同事点评了。几年以后，季还有机会给后来者写这些劳什子吗？

古人不见今时月，今月曾经照古人。青天有月来几时？ 我今停杯一问之。

愿天琴好运，愿南方不死。

（作者系资深媒体人）

江艺平点评

许久以来，传媒对重大事件患上失语症，尘埃落定才姗姗来迟。季天琴打破了这个定数，《起底王立军》让她再放异彩，也让惯常失语的传媒业“挽回一点颜面”（罗昌平语）。勇敢的新闻人昭示同行，拒绝失语，非不能也，是不为也。

格局

GEJU

易旸

个人简介

江西老表，安福人士。2009年硕士毕业于中国农业科学院，一直在南方农村报农财部干活。最喜欢的事：躺下睡觉。最难受的事：竹竿身材，经常失眠。有好的解决办法吗？

触摸农财报道的长宽高

2012 年度记者 入选理由

理工男——外表沉静一脸书生气，严谨理性；闷骚男——感受力丰富，追求完美，二者的混搭便是一个专业男——专心专注爱琢磨不甘平庸。

做一个细分行业中的记者，不宏大，没猛料，所谓的媒体精神是什么？所谓的专业主义又是什么？他玩转农财新闻，纵横拓展深度、厚度，在此过程中，校正着普遍认识上一些似是而非的东西，他对新闻的认识，对行业的认识，乃至对自身的认识，都在不断地拓展着更大的可能性。

记者感言

1

当初跑来做记者，真的是义无反顾。记得在师姐李晓芬引荐下，自己摸上门找到南方农村报主编陈永，他劈头就是一句：当官发财莫入此门。我当时表态：做记者，比当官发财有意思。说完有些心虚。毕业那年，我还屁颠屁颠跑去参加过两次公务员考试，二度名落孙山。不过，这样表态也没觉得自己虚伪，寒门学子，就业艰难，考公务员也仅是争取一个工作机会而已。

作为学农的理科生，来这家全国知名媒体集团混，一开始极不自信。和部门领导交流更是战战兢兢、大气也不敢出。以至于领导一度怀疑，这家伙如此内向，以后还怎么混?

为了给领导留下好印象，我卖力干活，接过的任务基本能顺利完成，交出的东西还算凑合，有几篇稿子还受到一些好评。没想到居然一晃也干了快 4 年了。

老实说，忝列年度记者，我感到惶恐不安。农村报虽说偏居集团一隅，但同样是个卧虎藏龙之地，报社诸多前辈先贤至今令人高山仰止。和他们相比，这份荣誉让我鸭梨山大。我想说，我只是在做一些自认为应该要做好的事情。凡夫俗子，习惯顺其自然。既然选择了这个行当，就应该努力去做好它。

一

这几年，我一直在农财部干活。这个部门主要负责产业新闻报道，涵盖农产业各个细分行业。农财部有很多像我这样农科出身的同事，亦有不少财经、中文、新闻专业的高手，他们是外行中的内行。这样的人员搭配，据领导说，既可在农产业报道方面发挥专业优势，又能在一定程度上保证新闻品质。

最初我跟过现新闻部执行主任王宏旺跑新闻。他也是一个内敛的人，话不多，但采访和做稿却是思维开阔、干净利索。现在想想，入职初期能碰上这样的老师非常幸运。正如农财部彭进老师所言，不是每个职场菜鸟都能偶遇高手，也并非每个高手都愿意屈尊指教。

不久，我就开始单打独斗。我跑的是种植类的新闻，打交道最多的是从事种植的农民、农资渠道商和企业人士，还有地方政府的农业部门。我的大部分稿子,关注的都是一些农产品行情、种植技术等,平常得近乎平淡。

南方农村报面向基层，以犀利的舆论监督著称。我也做过不少批评报道，比如揭露不法商人制假售假，坑农害农的事情。还曝光过一些地方工商、质监等部门的官员滥用职权，刁难经销商，搞变相寻租。稿子刊出后，被惹恼的人在网上留言，骂我是“妓者”，和“奸商”们串通一气。不过，骂归骂，我并没有因稿子失实而出过问题，也没有谁敢上门找麻烦。

刚入职那段时间，我挺羡慕农村报新闻部的记者，经常猛稿出街，放到网上，一眨眼功夫就能引发成千上万条评论，我写过的一些所谓猛稿，放到网上，评论却几乎从未过百。事实上，绝大多数农财新闻，由于专业性太强，并不似一些有明显冲突性的“三农”题材，容易引起广泛的社会反响。我们不断寻求在行业影响力上获得突破，并力图挖掘行业性话题背后的公共性，“以专业之长主动把声音带到主流层面，影响现实”，这句话是副主编麦倩明说的。

这个事件让当地农业部门的官员很是气愤。当地农业局一位负责人直言，农村报管得也太宽了吧，经销商是不是卖假药，应该由政府部门做完取证调查、化验结果后再做定论，不是由你们说了算。我只想说，我们的调查，依据的正是国家相关标准和法规。你们真监管到位，怎会轮到我们来曝光？

2010年，我和同事联合暗访，曝光了广东蔬菜主产区博罗县的农资商私自混配农药，售卖给当地菜农的现象，这种乱开“处方”的行为，很容易造成蔬菜农残超标，对农产品质量安全造成隐患，文中分析了这种现象存在的体制原因以及当地政府的监管缺失。《自设配方厂家订做，经销商竟敢如此卖药》刊出后，行业影响巨大，时任国务院副总理王岐山对此做了批示。紧接着工信部联合农业部等五部委组成调查组赴博罗调查处理，对当地农资经营环境进行了一番整顿。

这个事件让当地农业部门的官员很是气愤。我在跟踪报道事件进展时，当地农业局一位负责人直言，农村报管得也太宽了吧，经销商是不是卖假药，应该由政府部门做完取证调查、化验结果后再做定论，不是由你们说了算。

我只想说，我们的调查，依据的正是国家相关标准和法规。你们真监管到位，怎会轮到我们来曝光？

二

“猛料”不是经常有，稿子还要天天做。作为一名行业记者，我比较喜欢观察和研究这个行业存在和发生的一些现象和逻辑，这其实很有趣。我自认为自己写得比较好的反而是一些静态的行业话题性的稿子。记得刚进报社时一位前辈说，不要看不起行业稿，其实这并不好写，写的不专业，会被行业人士笑话。我一直谨记这个告诫。作为一个专业媒体，专业的内容才是核心竞争力。

2012年首期《农财宝典》农化版封面故事《生命素“遇

代表作品 2

作品名称：“生命素”遇坎

刊载媒体：农财宝典

发表时间：2012年5月

作品影响：以扎实的调查取证和详实的细节化叙述，完整呈现了一款叶面肥在中国农资行业创造的营销神话故事，并揭示其背后的市场逻辑。文章刊出后，迅速吸引了众多行业人士的眼球，报道的专业性获得广泛认可并赢得了称赞。

封面故事

封面故事

“生命素”遇坎

2012年3月15日，美国东部时间，纳斯达克“中国农业第一股”永业国际（YONG-US）公布了其2011全年财务报告：营业收入3.904亿美元，同比增长82.3%；净利润8490万美元，同比增长75.2%。

这样的数据可以证明：永业生命素——永业集团主推的一款号称能够解决中国农作物营养问题的产品，在过去的一年中继续保持了高速的销售增长和强大的盈利能力。

然而，自2011年2月起，业绩过于光鲜的永业国际却不断受到美国调查机构的质疑，引发股价大幅度下跌。今年3月以来，永业国际的股票价格已经从上市初期最高的超过10美元持续下跌直至跌破4美元，这个价位被认为是纳斯达克主板市场门槛之一。即使在其2011年业绩公布后，股价依然持续击低。

曾经被永业集团引以为傲的王牌营销团队，不少元老已经离开。农资界甚至有人开始猜测：永业生命素所创造的“神话”还能否继续？

◆《农财宝典》记者

16

17

代表作品

2

作品名称：农民会复兴

刊载媒体：农财宝典

发表时间：2012 年 12 月

作品影响：当前遍布农村、针对农民、涉及农业各个领域形形色色的基层技术推广会兴起，大有如火如荼之势的背景下，报道定义农民会并追溯亲历史，把观察的视野延伸到建党、建国时期，在不同的时代背景和产业背景下观察农民会的兴衰，阐明现今农民会的复兴是时代的选择，是产业发展出现的必然现象。

坎"》，就是典型的行业稿。"生命素"是一种在种植业上使用的叶面肥料，内蒙古一家名叫"永业"的公司开发并运作它。它与普通叶面肥成分差别不大，但售价却高出数倍。其背后的操盘手，是一群曾在IT、保健品行业叱咤风云的营销高手。在他们的运作下，"生命素"犹如农资行业的脑白金，创造了一个营销神话——永业凭借"生命素"的靓丽业绩，成功登陆纳斯达克主板市场。

这个"神话"在2011年迎来转折，大批"中概股"遭遇美国浑水公司调查时，永业也不幸中标，被质疑业绩造假，导致其股价持续大幅下挫。我在市场走访中发现，绝大多数终端网点基本销不动它，永业的业绩确实令

农民会 复兴

人生疑。2011 年永业发布年报时，其业绩依然耀眼，但股价却继续阴跌，一度被认为即将失去融资能力。

这是一个有意思的故事。在农资行业，无数人关注“生命素”现象。很多人直言它是个骗局。果真如此？我做这条稿的方向是要揭开所谓“生命素”的骗局吗？

我注意到，尽管“生命素”引来诸多非议，但至少它并没有出现因产品质量伤农害农；亦非依靠行政垄断特权而获取商业回报，也没有证据证明它像安然那样的中概股进行了财务欺诈。可以说，永业可以被视为一家吻合基本商业规范和道德的公司。它的产品卖得贵，是市场交易的结果。正因如此，它在外人眼中更显神奇。

讲述这个故事时，除了公开资料和外围调查的现象，我一直试图揭开“生命素”的市场逻辑。通过努力，我采访到曾经亲自运作过“生命素”的前永业营销高管，他完整地向我讲述了生命素在湖北样板市场的辉煌与没落，以及它在全国的扩张路径。对这些案例和细节的求证，我逐渐明确，“生命素”的扩张轨迹，其实就是一场资本运作，手段高明，破绽难寻。它的夸张式营销，短

代表作品 2

作品名称：中农集团控股公司中农润田突然停产

刊载媒体：南方农村报

发表时间：2012 年 4 月 14 日

作品影响：2012 年春耕在即，中农润田却毫无先兆地传出破产的消息，中农集团和中农润田被指存在股权纠纷，互相推诿，令全国数百位经销商逾 4000 万冬储预付款被套牢。南农独家曝光，在行业内引起强烈反响，数百位经销商齐聚山东禹城讨回公道，中农集团感受压力，随后开始着手解决，经销商的货款问题基本得到妥善解决。

农村财富

05

中农集团控股公司中农润田突然停产

一季度GDP同比增8.1%

多家知名茶企被指茶叶残留农药

发改委约谈行业协会稳物价

农行加大对种业骨干企业信贷支持

时间内成功将营业额做大，同时，大量“生命素”被压货到终端，即便销售困难，但永业回笼了资金，成功地实现将成本做低。这样的操作使其成功登陆资本市场，但一直备受资本空方的质疑，我非常好奇，“生命素”能否度过这个“坎”？

《“生命素”遇坎》完整描述了这款叶面肥的营销成长轨迹，并揭示了它的运作逻辑。文章刊出后，迅速吸引了众多行业人士的眼球，而第一期推出市场的《农财宝典》农化版亦因此稿给读者留下深刻印象。

三

这两年，我写过很多行业观察类的稿件。这些事件与产业密切相关。要操作好这类题材，必须深入行业，除了掌握专业术语，熟悉行业基本常识外，更重要的是要视野开阔。

对题材的把握，前南方周末记者傅剑锋讲过新闻采写的两大原则。一是“大尺度观察和细节化表述”，二是“平衡的价值观和方法论”。大尺度的观察视角，就是不孤立地看待一个事件，而是把事件放在它所处的社会原生态与制度背景中，放在纵横深长的历史坐标上。这样的观察视角，不但使人明白事件发生的真实原因、所处的位置与意义，还使人感到事件所表征的本质事实与背后制度的特征、方向与趋势。细节化的表述决不是为了细节而细节，为了故事而故事。所有的细节、所有表达的形式，应该是为描述与解释本质事实服务的。

我认为，这也是操作产业新闻的应遵循的准则。文章的语言要跃动在大背景和和具体细节之间。以大引出小，以小证明大。

当前遍布农村、针对农民、涉及农业各个领域形形色色的基层技术推广会大量兴起，大有如火如荼之势，《农民会复兴》专题的创意由此而生。我们定义了农民会并追溯它的历史，从建党、建国时期，到建国以来农民会经历了不一样的过程，内容，形式都发生了很大变化。尤其是近年来农民会政治氛围弱化，市场化和商业化程度大大提高。组织主体也由政府转为企业、流通商以及其他社会组织等民间力量。我们把农民会的兴衰放在不同的时代背景和产业背景下观察，力图阐明，现今农民会的复兴是时代的选择，是农村社会经济发展的必然现象。

南方农村报不是这场复兴的旁观者，而是参与者与推动者。近年联合政府部门、科研院校和知名涉农企业，启动“南农科技下乡直通车”，2012 年举办近百场。通过整合多方资源，“直通车”已从传统的“农民培训会”逐渐演变为汇集技术、信息、产品渠道和公益建设的多功能整合平台，获得显著的社会反响和较好的经济效益。2013 年，南方农村报启动“走基层，送科技，惠农公益大联盟”，将该项目的影响力越做越大。

做产业新闻，少有惊世猛料，鲜见宏大主题。但忠实地记录它们，参与其中的过程，我注意到这一切背后的宏大历史。

四

新闻理想与产业抱负，在做产业报道的时候，是水乳交融，还是纠结万分？其实都不是。《农财宝典》是专业的行业媒体，有四个细分版本，它的报道领域本身就是经营开发的目标市场。很多人认为，行业媒体的新闻，是在为广告开路。我一度迷惘，做新闻必然对行业潜规则进行揭露，难免触犯行业利益，作为一个生存于行业的媒体，得罪行业意味着将被视为业内的异端，得罪广告客户更是直接自断财路。行业媒体的价值点究竟在哪里？

行业媒体确实具有独特性，一方面作为媒体，具有一般传媒的外在形态，遵守一般传播规律。另一方面，行业媒体又具有一般大众传媒所没有的经济组织属性——它置身于产业经济组织体系之内，依托产业经济组织所提供的人力支持、财力支持和市场支持，为产业经济组织提供传播服务，并作为产业经济组织的服务单元，遵守产业经济组织规范的约束。

就媒体职能而言，它以释放传播力、观察分析力和是非价值的判断评价力为宗旨。作为一个行业组织服务单元，它又为媒体赋予了组织属性，使其有选择地进行传播、有方向地进行观察、从特定的立场进行评价。因此，行业媒体的传播活动，受到传播行业规范和行业组织规范的交叉制约，尤其受到后者的刚性约束。做真正的行业媒体，必须在组织属性与传播属性之间找到“最大公约数”，不惮“说服”之“艰难”。

2012 年初闹得沸沸扬扬的“农药废渣盐”事件，南方农村报的立场就和行业观点迥异——我们认为生产废渣盐源头的某国家骨干农药企业也应为此担责。很快，农药工业协会马上出来表态，生产废渣盐源头的农药企业并没有直接将废渣在市场公开销售，因此不需负任何法律责任。其他行业媒体亦站出来呼应。为此，曾经有同行透出风声说，农村报在 XX 部已经挂上号了，领导指示以后不要接受农村报的采访。

碰到此类问题，该如何把握和取舍？我认为，评判的基本标准一看是否利于维护公众的利益，二是是否有利于产业的发展方向。报社领导也鼓励，“挂了号”也不怕，相信他们内部也不是铁板一块。

可以说，组织属性和传播规律，构成行业传媒的两个基本内核。这既是行业媒体生存发展的内在基础，同时又会发生冲突和碰撞。行业传媒的发展过程，就是这两个基本内核不断冲突和碰撞，又不断适应和调整，进而实现革新和进步的历程。过去的10年中，农财新闻的影响力扩大，《农财宝典》的成长发展，就是它内在的传播属性和产业经济属性不断进行适应和调整，逐步提高、完善，逐步实现革新和进步的历程。

我一直以为，做产业报道，大可不必回避广告经营。行业媒体最核心的价值在于提供专业的内容，以公信力赢得行业的认可和尊重，并获得应有的广告价值。正如报社领导所说：新闻创造价值，产业反哺新闻，新闻和产业相辅相成，做得好就能相得益彰。

（作者系南方农村报记者）

围观
易旸
3

一煲瓦罐汤

张 璐

俗语说，人如其名。不晓得人的性格是不是冥冥之中和名字有某种关联，认识易旸多半是从不认识他的名字开始的。

改变、变化，谓之“易”。日出，是为“旸”。易旸、易旸，抑扬、抑扬。我试着猜想易爸易妈当初在杜撰这个名字时的微言大义：璀璨但不露锋芒，中庸却不失灵动。

在这个胖子主宰的社会里，瘦子是弱势群体。人胖，不需要理由；但倘若是瘦了，则要随时准备好各种说辞为自己辩护。易旸生就一个百口莫辩的苗条身材，但瘦削的脸庞上却永远挂着胖子才会有的憨态可掬的笑。走起路来，肩微耸、背微驼，像慢镜头里燕子滑过水面，脚跟与地面似贴非贴，不管踩着什么鞋，都能穿出拖鞋的闲适和懒散。或许真是心中宁静淡然，四处皆是闲庭。

他应该算是，我见过的最不像记者的好记者（这也颇符合名字中先抑后扬的意味）。没有风风火火、叱咤风云的英姿，乍看上去甚至有些纤弱；没有慷慨激昂、尖刻犀利的言辞，在大大小小的讨论会上甚至有些沉默；没有呼朋引伴、里三圈外三圈的交际网，初次见面甚至还会流露出淡淡的羞涩。

永远的不紧不慢、不温不火、不声不响。时常透过同事听到他的消息：易旸有女朋友了！易旸结婚了！好像身边人永远都比事件的男主人公激动，听着大家议论、起哄，他淡定得像旁观者，不解释、不反驳、不辩护，就是一如既往憨态可掬地笑。以至于结婚派发喜糖时，那表情就和递出待签的版样时并无二致，抑或招牌的笑容里加了细微的娇羞和得意，就像高明的厨师在菜肴上桌前偷偷添加秘制的作料，不细细品味真的就错过了。

认识易旸，如果到此为止，大概你会错过一个好记者。在最不像记者的表象下，其实隐藏着一名好记者的潜质。记得3年多前刚开始编辑他的稿件时，常会对这种表里不一心生不解：你无法想象这么一个文弱书生，

@**晓芬望远V**：易旸是学校里的师弟，工作上的战友，认识他7年之久。外表慢条斯理，不急不躁，说起话来没完没了，做事精干，文字洒脱，猛稿不断。同事称他为“闷骚男”典型代表。回想一下，何尝不是，外表冷静，看似沉默，却富有思想和内涵，这就是他的典型特征。

怎么深入到批发市场的恶霸身边，去搞清楚垄断包装箱的种种猫腻；你也不会理解，面对这个似乎不善言谈的人，为什么粤西某个小镇的农民因种植失败想轻生前，要把绝笔书发给他，倾诉衷肠；你更想不到，言谈看似无甚高论的他，在批评报道中却异常敢言，且每每击中要害，挖到鲜为人知的确凿证据。

某次，国内一大型农药企业负责人登门公关。起因是，易旸跨省追查该企业侵权仿造某外企专利产品的连续报道，令其压力山大。这位负责人动之以情、晓之以理，向在座编辑记者诉苦：跨国药企大兵压境，本土农药产业生存艰难。山寨专利产品，虽在知识产权保护上有瑕疵，但农民因此获利，民族工业得意保全……

企业在商言商，和其纠缠法理或价值观，就像并行的铁轨，兜兜转转绕了几个大圈，大费口舌，却难有交集。正当我们要被“特殊国情论”说服，不得不以“合情不合法”的结论握手言和时，易旸同学却突然“发飙”：他从各类山寨产品的成本、销售价格、使用效果以及农民使用量到该企业近年营收和发展扩张的速度，举出一系列数字。没有一句“大道理”，尽是企业家最热衷谈论的硬邦邦的数据。由此得出的结论是，农民单次购药成本减少，但总用药支出未必降低。企业侵权，暴利惊人，按同样成分、含量换算，山寨货丝毫不比正版产品便宜。此话一出，空气瞬间凝结，对方一时无言以对，气氛甚是尴尬。此事让我也颇受启发，讨论问题抑或辩论，技法、修辞、仪态等等固然重要，但归根到底靠的是专业的素养和缜密的思维。易旸的那点璀璨，像日出的光芒，灵光乍现。每每这种场合，得意的笑容背后总能读出一丝狡黠，我这才渐渐领教，他是“哑巴吃饺子，心里有数”。

专业的背后是执着，近乎偏执的执着，这似乎是许多优秀记者都少不了的品质。易旸也不例外。上述这组打假的报道，前前后后历时半年，从广东湛江到湖南衡阳再到江苏盐城，可谓穷追不舍。再例如，今年6月这组在业界引起不小震动的《生命素“遇坎”》的专题报道。早在两年前，有关生命素的产品质量、营销手段就在编辑部内引起不小争论，当时就做过报道。可易旸同学不声不响，两年来持续关注这家企业的发展，从粤西湖北的小农资店，到美国纳斯达克的股海沉浮，从田间地头的市场表现，到遍布城乡的广告宣传，搜集各种资料数据，详实程度令业界称叹。这才能在各种喧嚣和争议尘埃落定之后，对“生命素现象”有更深刻的理解，也才有了这篇超越主观感受和成见，足可称作专业的“年度报道”。

这就是易旸。坐上摩的驶入徐闻农村的菜地，他就是为北方客商收购辣椒黄瓜的“二道贩子”；斜挎着背包，走进广州白云区的农资店，他就是上门推销新产品的农药业务员；掏出笔记本，跟在执法人员身后，来到湖南衡阳的农药厂，他就是调查假药源头的领导“小跟班”。

他是记者。这位江西老表，像一煲瓦罐汤，所有的职业热情、睿智灵动、骚客情怀统统隐藏在永远温度恒定、安之若素的外表下，透过他的报道或是不经意间的言谈，能闻到瓦罐中飘出的丝丝醇香，那是惊喜的味道。

（作者系南方农村报编委）

江艺平点评

做行业话题的设置者和引领者，是行业记者的成功标志之一。以此衡量易旸，他无疑是成功的；据此评说易旸，则未免失之浅薄。盖因这个年青人今天的点滴积累，隐隐预示着他明天的格局——于新闻，于行业，于自己，易旸都正处于更大的拓展中。

匠心

JIANGXIN

姜晓明

个人简介

2004 年至今，任职于《南方人物周刊》；2003 年至 2004 年，任职于《外滩画报》；2000 年至 2003 年，任职于《中国新闻周刊》。

好照片是个意外

2012 年度记者 入选理由

姜晓明是任何一家市场化媒体都渴望得到的摄影师，《南方人物周刊》因为他的照片而增添了很多光彩。在 2012 年，他保持了一贯的高水准。他的照片呈现了被拍摄者最耐人琢磨的一刻，而这背后是他的思考和阅历。假以时日，相信在后代描述我们这个时代的新闻史里，会有他的一席之地。

记者感言 1

一

粗略地回顾了一下2012年拍的照片，满意的不多。封面照片里，崔健、昂山素季还算可以。《穿越》发的朝鲜那组也还可以，本来被盯得很紧，中间却有几次峰回路转，拍到一些意外的照片。

能否拍到好照片要看运气，基本每次拍完照片，回来看总有缺憾。作为拍摄者，当我举起相机时，我总是没办法完全知道相机前面会发生什么。有时我捕捉到了我认为值得捕捉的某种神情，但只有回来处理照片时，才发现被摄者的一只手的动作不对劲，又或者人的整个表情、身体语言都对，环境也对，但画面里旁边桌子上的一只杯子却显得突兀。琐琐碎碎，这些问题总是不断碰到。

我看过一本日本人写的书《留住手艺》，里面提到一位做传统木盆的老匠人，他说虽然做了一辈子面盆，但受制于材质等因素，令他完全满意的很少。我也有同感。

二

拍照得有感觉，有的采访对象拍两三张，心里就有底了，有的人拍再多，可能心里都没谱。我对拍摄对象都没什么了解，事前当然会做功课查资料，但那种了解都是很表面很僵化的。因为受到采访时间的限制，拍摄通常都是只有几分钟到十几分钟，可以说我从来都不了解这些人。能否在短暂的拍摄过程中找到感觉，完全靠缘分。有感觉的时候，我好像连带着自己的感情也投入照片里，而没感觉的时候，就好像相机自己在拍。

虽然做摄影做了很多年，可直到现在出去拍片仍然紧张，直到举起相机那一刻。新闻类杂志的人物摄影不比时尚摄影，拍摄对象的状态，拍摄场地，这些都没办法掌控。采访对象如果不是处在一个令他自在的环境，几乎不可能拍出舒服的人物照。环境应该和人物的气场相合，就像彼此属于对方。

除了少数演员，大部分人面对相机的时候都有些不自然，如何让对方松弛下来也是个问题。我在和人交流方面没有什么天赋，基本只能听天由命。在拍摄一两张之后，有的采访对象会突然放松下来。也有很少的时候，人物的紧张感会造成一种特殊的效果。我很少让对方在相机面前微笑，除非对方是很爱笑的人，我通常会要那种难以察觉的表情，也可以说“平静”，这种表情里面有更多的可能性，没有夸张，表情太丰富的脸，除非撞个正着，不然即使不假也太使劲了。

一张好照片通常在微妙之间，差一点儿就不对劲。

三

我不会刻意讨拍摄对象的喜欢，但也不想照片引起他们的反感。不管什么样的拍摄对象，即使是充满争议的人物，他在那里准备好了给我拍（也许怀着某种戒备），我都会在有限的条件下尽可能去捕捉他能打动我的一面。我比较排斥那种结果，就是我的照片只是用来证实人们对他的恶感是对的。

不管什么样的拍摄对象，即使是充满争议的人物，他在那里准备好了给我拍（也许怀着某种戒备），我都会在有限的条件下尽可能去捕捉他能打动我的一面。我比较排斥那种结果，就是我的照片只是用来证实人们对他的恶感是对的。

拍照技巧很重要，但如果一张照片的拍摄技巧而不是拍摄内容引起观者注意，恐怕就有炫技的嫌疑，技巧本身是隐在照片后面的。我个人欣赏那种真诚、老实的照片，比如德国摄影师奥古斯特·桑德，我一直喜欢他的作品。他拍摄的人物照就像早年间照相师傅拍的那种，认真，诚恳，没有任何花哨的东西，但人物非常耐看。

照片反映的永远都是拍摄者眼里的世界。有的摄影师看到的总是疏离，破碎，有的摄影师把什么都呈现得那样唯美，有的摄影师似乎内心充溢了对现实的愤怒，这些都不是“真实”或“不真实”所能概括的。我自己脾气坏易冲动，但能吸引我的照片却都是安静的。也许那些躁动不安的照片会害得我的情绪更加紊乱。

我对自己的期许是拍出自然朴素而真诚的照片，但是这种要求对我来说并不简单，我先得把自己弄成一个自然真诚一点的人。

摄影是什么，摄影的价值是什么，经常听到人们讨论这些，但我永远也想不清楚这类问题。我把摄影当成一门手艺。我着迷于手艺人，也希望自己能靠手艺吃饭。

四

相对于昂山素季，我更喜欢自己拍的那些缅甸的普通人（《穿越》曾做过一期缅甸的封面文章）。缅甸人的眉宇间都是舒展的，他们经常是一种很自在且优雅的状态，很少碰到双眉紧锁、匆匆赶路的人。缅甸是佛教国家，经济也不发达，人们的状态可能跟这种环境有关。我大概老是不自在，所以总羡慕那些自在的人。

以前我出门的时候，不管是否工作，总是随身携带相机。这两年随身带相机的习惯已经没有了，也不时会有遗憾，“唉，要是带相机就好了”，碰到某个瞬间，摄影师的惯性也会出来，但下次出门的时候还是没有带。

我有时反思这是怎么回事，我想是走到了瓶颈期，人到某个阶段就会重复自己，没办法，人就是有局限。我大概下意识里觉得要跟相机保持一点距离。此外，在拍照拍了多年之后，我越来越觉得，看比拍重要。看是在感受，拍是为了表达，年轻的时候总是想急切地告诉别人点什么，现在却觉得没那么多可说的。生活不是瞬间，生活充满不可思议。

干摄影这行，我最怕的是别人让我解释我的照片，如果照片能传递某种东西的话，照片就足以传达了，如果不能，文字再怎么补充也多余。

（作者系南方人物周刊摄影记者）

代表作品 2

作品名称：昂山素季

刊载媒体：南方人物周刊

发表时间：2012年2月13日

作品影响：照片拍出了神韵，尤其是封面的这张肖像照，岁月的印迹已经非常明显，但并没有掩盖昂山素季的力量。这是一种安静的力量，虽不声张，直抵人心。

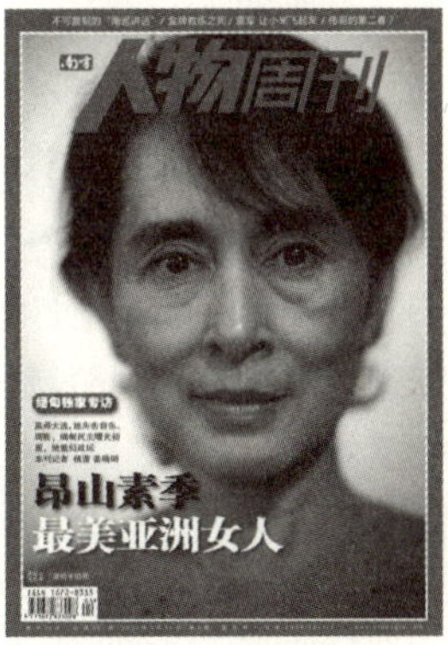

作品名称：崔健

刊载媒体：南方人物周刊

发表时间：2012年10月1日

作品影响：捕捉到崔健最真实的状态，不做作，不走时尚大片的风格（也没有那么奢侈的拍摄时间），抓拍到受访者“决定性瞬间”那一刻。

围观晓明 3

大师是个手艺人

张 欢

一个关于姜晓明老师的故事是这么在江湖上流传的：周三编辑部开会，有人注意到他背了一个很精致的皮包，材料扎实，做工精细，很是让人喜欢。有人问：大师，你哪儿买的？得到的回复是"我自己做的"。

然后自然是一片惊呼声。

我不在现场，也一直没向晓明核实，但对这个故事的真实性却一直深信不疑，写到此处，眼前还能出现他微微点头，脸上有点狡黠又高兴的表情。

自己动手做个包，对于晓明来说不是什么稀奇的事情。他在北京郊区弄了块地，直接动手盖房、修火炕、养鸡、种菜……

他喜欢亲近自然，追求一种简单纯粹的生活方式，这或许因为少年时代在农场的经历。

在人物周刊，晓明更多时候被叫做"大师"，这里面既有同事们在业务上对他的钦佩，也有点调侃他不走寻常路的生活方式。

晓明大师在江湖上的地位早已毋庸多言，在我看来，他的作品里有一种手艺人的追求，这种感觉很难用文字来形容，有点像手工作品和流水线产品的区别：每一个都不一样，都有创作者自己的思考和情感。

在人物周刊当摄影记者不容易，留给他们表现的时间并不多——没机会棚拍，拍摄时间可能就短短几分钟，拍摄过程中文字记者还可能随时多问几个问题。"螺蛳壳里做道场"，在这种环境下能做出成绩，难度可想而知。

和晓明合作过几次，我每次电话他说时间和地点时，他都会详细问我采访对象的职业和特征，然后让我把名字发短信给他，他要提前做功课。

在采访现场，他不着急拍，让文字记者和对方先聊，偶尔抓拍几张，然后就安静听我们的采访。等到专门拍摄时，他也不会用太多的时间。

@YanweiChanV：晓明是让我感到平安的搭档，他说自己是个手艺人，而我把他视为修行者：吃素，心善，执着也能放下，敞亮并充满喜乐。在我们甚至遇见危险的时候，他总能传递出正能量。虽然我是文字他是摄影，但我一直认他作师长。毫不夸张地说，他是我在人物周刊的一笔财富，一段感动，一种牵挂。

起初，我有点担心，时间这么短，能保证效果么？回头我们谈起采访对象时，他的见解回答了我的疑问：他已经做好准备，有一套自己的方法论去理解对方。

这种方法论不只是从既有资料中去分析，更多时候这是一个阅历丰富的摄影师对于社会和人生的理解——晓明大师在从事摄影前曾经从事过冰雕师、销售、水手等一些匪夷所思的工作。

当他真正开始拿起相机时，年纪已经不小了。张爱玲给中国的文艺青年留下了一句荼毒不浅的话“出名要趁早”，而晓明有了此前的积累，做到了厚积薄发，迅速就走出了自己的路。

他会从眉目神情气质以及举止中分析这个人的点点滴滴，这套方法一般人完全学不来，因为你没那个积淀。

见过晓明的人都说他有点仙风道骨的意思：精瘦、双目炯炯有神、心平气和（堵车和拍摄不顺利时偶有例外）、话不多但直指问题关键。

他学瑜伽。曾经发我一张照片，画面中的他双手撑地，整个人完全垂直，后来我翻瑜伽书才知道，这是极高境界的动作。

他吃素、不沾烟酒。一次饭局（与采访无关），主人请了极稀罕的某道菜品，大师的筷子客气碰了碰，然后就奔着青菜去了。

单看这些外在细节，姜晓明却是有几分“大师”的味道。而几年前，他还是一个烟酒不离，无肉不欢，情绪热烈的家伙。

是什么让一个人有了如此大的转变？江湖传言是受了老婆的影响，平日里，两口子伉俪情深、琴瑟合鸣，一起抵抗喧嚣尘世的诸多侵扰，连吃的都能一起是青菜、水果和坚果。我一直未能亲眼见到这位石家庄姑娘，但认识的人都赞不绝口，仗义聪慧是姜夫人的标签。

有幸和大师一起出过一次长差，受教良多。在漫长的出差日子里，我想再怎么强大的外在，改变一个人也终究要靠自己。晓明老师今天能过得如此安静和平和，说到底还是要靠自身的定力。在这滚滚乱世红尘中，他能做出这样的选择，安安静静做自己喜欢的事情，就像传说中日本、德国的老手艺人一样坚守。他对生活的品质很有追求，但又能放下。这一切都是顺理成章的。

这个时代的人们对于很多外在的东西看得太重，眼里是欲望，晓明虽也是这红尘中人，但眼睛明亮。

大师虽有仙风道骨和一颗不媚俗的心，但这绝对不是一个不食人间烟火的清高之辈。有他的地方就有欢乐，他有一种特别的幽默感，有时他暗亏几句，总能让大家哈哈一笑。

晓明的作品里精品太多了，恕不一一列举。有两组让我印象格外深刻，一张是拍摄芭蕾舞艺术家谭元元，那是一张黑白大图，主人公的美有种冷艳的锋利感，令人难以直视，那种动人心魄的感觉让我专门去搜了谭元元的舞蹈视频。看了之后感觉反倒没图片的冲击感强烈，或许这就是布列松说的“决定性瞬间”吧。外在的光、影、被拍摄对象情绪等很多因素就被刹那间捕捉到，不多一分，也不少一秒。

另外一组则是他的图片故事《回到农场》，这是一组照片，是他回到小时候成长地——黑龙江省的七星泡农场时拍摄的。故事描述了当下这个遥远北方的一个农场的点滴。照片不多，也不是那种很有冲击力的震撼感，而是让你有一种淡淡的挥之不去的情愫，让人去想一些事情。

作为一名文字记者，我没法表述那种感情，“此中有真意，欲辨已忘言”，还是借用晓明的图片说明里一段话——

回去的几天，我每天清晨四五点起床，背着相机在野甸子里走，四周是一望无垠的黑土地，一种久违的味道在晨光中弥漫，我熟悉这种味道，这是露水渗进泥土的味道。我想起了小说《飘》结尾的话：“郝思嘉站在浓雾迷漫的院中，想起了父亲曾经对她说过的一句话：‘世界上唯有土地与明天同在。’”

人们或许总有一天会意识到，不管走到哪里，只有土地才是自己的根。

能和姜晓明成为同事，我很荣幸，尤其是在那次出差中，和他的交流让我头一次去想很多事情，去思考很多以前从未想过的问题。

很多当时答应的事情后来都半途而废了，比如瑜伽和吃清淡点，但是他的很多点拨让我受益颇多，有如打开另外一道门，尽管没能一直走进去，但路过时瞄上几眼风景，也是很好的。

他是一个想明白了很多事情的人，一个值得期待的手艺人型大师。

（作者系南方人物周刊编辑）

江艺平点评

急功近利的年代，“手艺人”日见其萎。却总有一些人大隐隐于市，默默守住代代相传的手艺，默默守住“业精于勤”的古训，不求闻达，只求心安。潜心于镜头背后的姜晓明就是这样的人。珍稀，所以值得珍惜。厚重，所以值得敬重。

瞭望

LIAOWANG

郭芳

个人简介

不怕辣、怕不辣、辣不怕的湖南女生，生于上个世纪80年代。2003年毕业于湖南大学新闻系，入职《南方》杂志，从事时政、经济等领域报道。职业理想是，让新闻报道成为社会前行的力量。

影响有影响力的人

2012年度记者 入选理由

在党刊做新闻，难以猛料取胜，睿智和深刻是必要的。从平凡处入手，穷追猛问，发现独特的报道价值，然后用一种有思想的文笔表现出来，这是郭芳擅长的。

思考是铸就这种能力的土壤。追求政经新闻的品质，穿梭在新加坡总理李显龙与珠三角普通外来工的时空变换中，郭芳总是反复地向自己发问，你怎么看？直到问出一篇篇引起政府高层关注的报道。

记者感言 1

普利策奖一直被当做是“新闻的诺贝尔奖”。19世纪初，普利策曾这样形容新闻记者：“倘若国家是一条航行在大海上的船，新闻记者就是船头上的瞭望者。他要在一望无际的海面上观察一切，审视海上的不测风云和暗礁险滩，及时发出警告。”

这句话，穿越前后两个世纪都被视为新闻系教科书上最经典的台词。当年，坐在大学课堂上我也曾惴惴不安地想着，我能成为一个瞭望者吗?

一、“穷广东”想对省委书记说的话

我毕业于湖南大学。

在外界眼中，湖南大学里最著名的建筑，莫过于其前身中国古代著名的四大书院之一岳麓书院；而在我们的学生时代，被提及频率最高的建筑，却是图书馆旁边的东方红广场。这是我们怀抱书本行色匆匆前往北楼、中楼上课的必经之路，这是我们每天早上赖床之余连滚带爬赶来做早操的地方。我们曾经以为，这是我们大学时代最熟悉的地方。

但是直到毕业，我才悲剧地发现，这是我一厢情愿的想法。东方红广场上有一座毛泽东雕像。“毛泽东像是左手在前，还是右手在前？”某天上新闻专业课时，老师意味深长地扔出这个让人猝不及防的问题。这个问题看似普通，却暗藏杀机，其难度系数不亚于哥德巴赫猜想。我曾恶作剧式地向超过100个湖大毕业生抛出这个问题，几乎没有一个人能答对，因为答案是“毛泽东像的双手都在后面”。

这个故事让人一笑之余，也让我陷入了思考：新闻随时随地都会发生，这就要求新闻记者要有特有的观察力。既“观”又“察”，由于记者观察的角度不同，即使是同是一件新闻事实也会出现截然不同的报道。

我曾两次采访粤北某山区县县长，这位县长在提及“林业发展”时态度的，就让我抓住了一个重要题材。第一次的采访话题是“干部知识怎样转型升级”，这位县长举例道，当地空负“林业大县”盛名，却没有一家像样的木材深加工工厂。许多木材被简单加工成木片，廉价出售到珠三角等地的工厂。林业部门的干部就可以在学习中思考，引进一些高附加值的木材加工企业。

第二次采访这位县长的时候，正值主体功能区酝酿出台之前。这个山区县被划入生态发展区，其产业布局也在发生变化。让这位县长并不轻松的是："因为要让森林休养生息，原材料木材的供应量将会越来越少。仅林业一项，每年减少了几千万元收入。"发展经济与保护生态之间的矛盾，让山区县这个"穷广东"的典型代表很是纠结。

这位山区县长对"林业发展"的细微变化，如果稍不留意就会被当作普通信息遗漏。还好，我没有。我由此关注到"生态补偿"这个话题，跟踪踏访了南岭生态区试点县——韶关始兴县，直击当地为保护生态付出的艰辛和面临的难题，提出"如果生态补偿、政绩考核指标、生态产业政策等相关配套没有跟上，主体功能区改革将难以为继"的观点，传递出"穷广东"想对省委书记说的话。

东方红广场上有一座毛泽东雕像。"毛泽东像是左手在前，还是右手在前？"某天上新闻专业课时，老师意味深长地扔出这个让人猝不及防的问题。这个问题看似普通，却暗藏杀机，其难度系数不亚于哥德巴赫猜想。我曾恶作剧式地向超过100个湖大毕业生抛出这个问题，几乎没有一个人能答对，因为答案是"毛泽东像的双手都在后面"。

这篇稿件在公开发表之前，我将调研内容首发于《南方杂志·领导参阅》，获得时任中共中央政治局委员、广东省委书记汪洋关注，并批示"请小丹同志阅酌"，为《广东省生态保护补偿办法》等政策出台提供了决策参考。

对我而言，观察仅仅是报道的起步。

二、让基层声音直达中南海

这两天不经意中看到一则财经新闻，标题是《"一封内参"差点关闭了股市》。新闻大意是说，1990年六七月间，正当上海和深圳两市紧锣密鼓地筹备创建证券交易所的当口，当时《人民日报》驻汕头、珠海和深圳经济特区的首席记者王楚，写了一份情况报告，反映当时深圳股市的一些热闹现象。

据王楚事后表示，他的用意只在引起社会注意，这是改革产生的新东西，应该引起中央的高度重视，不能这样继续狂热下去，断送这辉煌的改革试验。当时国务院的正副总理都批示，请国家审计署会同中国人民银行组成联合调查组，于1990年7月3日至7月17日赴深圳进行调查。

这当中的情节跌宕起伏，最终的结局是这封内参差点就关闭了股市。脱离股市这个事件本身，这则新闻无疑向世人证明了：新闻的力量，真的很强大。记者手中洋洋洒洒几千字的报道，就有可能影响决策者的方向，改变历史的轨迹。

然而，影响有影响力的人，怎样才能做到呢？在工作多年以后，我发现其实这并不难做到，答案

代表作品 2

作品名称：生态县艰难转身的背后

刊载媒体：南方杂志

发表时间：2012年2月

作品影响：记者跟踪踏访了南岭生态区试点县——韶关始兴县，直击当地为保护生态付出的艰辛和面临的难题，提出“如果生态补偿、政绩考核指标、生态产业政策等相关配套没有跟上，主体功能区改革将难以为继”的观点，传递出“穷广东”想对省委书记说的话。

记者并将调研观点撰写成领导参阅稿件，获得时任中共中央政治局委员、广东省委书记汪洋关注，并批示“请小丹同志阅酌”，为《广东省生态保护补偿办法》等政策出台提供了决策参考。

经济 Economy

生态县艰难转身的背后

主体功能区改革不能单兵突进，如果生态补偿、政绩考核指标等相关配套没有跟上，改革将难以为继

■本刊记者／郭芳 通讯员／官见全 发自广州、韶关等地

代表
作品
2

作品名称：新兴产业工人系列调研：《珠三角遭遇“新兴产业工人争夺战”》、《拿什么聚集世界一流的技术工人》

刊载媒体：南方杂志

发表时间：2011 年 8 月，2012 年 3 月

作品影响：稿件发表后，记者根据调研观点撰写《“政府可以引进世界一流的科研团队，却引进不了数以千万计的产业工人”》等领导参阅稿件。

稿件获得时任中共中央政治局委员、广东省委书记汪洋批示，汪洋将稿件中有价值的观点圈出来，并对此稿批示道：“有道理，尤其是第一条意见，值得抓紧探索。”时任广东省委常委、常务副省长肖志恒也随之对稿件批示，要求“组织研究有关政策性意见和改进措施。”稿件为广东省委、省政府提供了决策参考，影响和推动了政府决策进程。

也只有简单的四个字：调查、研究。说到调查研究，就要有“拼着精力把一个事件研究透彻”的劲。

调查越详细，思想也就越深刻。还好，《南方》杂志为调研型记者提供了成长的土壤。回望我的记者生涯，我的大部分时间都是在路上。我从事了将近 10 年的经济、时政等领域报道，几乎跑遍了全省 21 个地市以及大量的县、乡镇，采访过上千名政府官员、上百名企业。调研中，我的角色不是一个技艺高超的画家，仅仅为真实地还原事实场景；于我而言，我更像是携带高倍显微镜的医生，只为寻找到问题最根本的症结所在。

《财政“省管县”改革不能单兵突进》报道，便是在这样的调研中产生。我在山区县采访时，发现许多官员对财政“省管县”的期待由来已久。然而，当财政“省管县”改革真正步入深水区时，山区在一片叫好的同时，也在担忧改革引发的“并发症”，比如，县级财政缺口如何填补，市里不再

出台配套项目资金有可能让县级财政雪上加霜，等等。这个现象引起了我的关注。我连续一周调研了三个县，除了与当地县委书记直接对话，还走访了县财政局、县卫生局、县教育局等诸多基层部门。

这篇文章在公开发表之后，我将调研观点撰写成《财政“省管县”改革不能单兵突进》稿件，发表在第一期《南方杂志・领导参阅》上。这是我撰写的第一篇内参报道：稿子发出去之后，能否引起政府关注我的心里也没底。结果没多久，省委办公厅给编辑部打来电话。此时我才知道，这篇稿件引起了时任广东省委书记汪洋的关注，表示“文中相关观点，可以报送中央”。

这篇稿件的幕后，还有一个意味深长故事：调研稿件于当年6月已经完成，本来是预期发表在《南方杂志·领导参阅》创刊号。结果《南方杂志·领导参阅》的筹备期实在太过于漫长，直到第二年春天才正式出版。没想到的是，这篇稿件历经半年时间后发表，并没有因为时间的流逝而丝毫褪色，最后还能直达中南海的决策层。

在很多业内、业外人士看来，新闻是易碎品，新闻的保鲜期太过于短暂。而这次的采访经历让我赫然发现，原来调研稿、深度稿的保鲜期如此之长，生命力如此之久。也正是从这篇报道开始，我真正走上了调查记者之路。

三、“取经新加坡”引发的后继报道

可以说，刘野老前辈的“省委书记论”，影响了我的整个新闻职业生涯。

刘野，何许人也？刘野生于上个世纪30年代，是新华社《瞭望》杂志前副总编辑。在我外婆生活的那个年代，刘野就已经在革命根据地从事新闻报道；在我刚出生的那年，刚从中央党校学习回来的刘野，受命成为《瞭望》杂志的主要创刊人之一。他编发的独家报道《邓小平谈什么是有中国特色的社会主义》，经整理被收入《邓小平文选》第三卷。

2003年，也就是《南方》杂志创刊那年，刘野老前辈是当时某省委领导特别钦点从北京请来的权威顾问。 刘野老前辈是个爱研究问题、爱思考的学者型新闻人。他也把这种传统带到了《南方》杂志。“作为一名优秀的政经记者，就要思考省委书记、省长在想什么，甚至要思考省委书记、省长尚未想到的。”当年在选题会上，他提出了的“省委书记论”给我留下了深刻的印记。

新闻从业10年，我始终关注“省委书记在想什么、省长在想什么”。我总是在采访中不自觉地停下脚步思考：如果我是省委书记，面对这样的问题我会怎么办？“取经新加坡”系列报道，便是在这样的背景下诞生的。

2007年12月，时任中共中央政治局委员、广东省委书记汪洋履新不久，就提出解放思想要有胆有识，要有世界眼光，“广深要敢于跟新加坡、首尔叫板”。2008年，我和时政部主任母发荣前往新加坡采访。当时我们独家专访了新加坡总理李显龙，推出《李显龙：得不到民心，就得不到选票》、《怕输的新加坡》等系列报道。

这组报道是我职业生涯中的第一次重要突破。这组稿件对转型中的广东很有借鉴意义，并在国内外产生了很大影响，相关报道被《联合早报》、《南方日报》等媒体全文转载。2008年9月，汪洋出访东盟四国，专门将当期《南方》杂志作为特别礼物赠送给新加坡总理李显龙。李显龙在与汪洋的会谈中，也多次提及《南方》杂志对他的独家专访，并称报道给他留下了深刻印象。

事实上，“取经新加坡”的系列报道并没有结束。

作为一名政经记者，我同省委书记一样，长期关注着珠三角的转型升级。新加坡采访结束后，我没有停止思考，直觉地将广东的现实困窘和新加坡经验联系起来：新加坡和珠三角虽相隔数千里，成长轨迹却有着惊人的相似。上世纪70年代末，新加坡同样站在产业转型的十字路口。然而，当年新加坡将劳动密集型企业转移到成本较低的亚洲邻国时，却没有像珠三角一样面临产业空心化的危险。

我从采访中找到了答案。“产业升级要有基础。”当时新加坡经济发展局亚太司司长林国强向我们解释道，““因为具备世界级技术工人，很多加工贸易企业与新加坡共同升级。”于是，我带着问题前往珠三角调研，发现许多新兴产业都面临着高端产业工人的巨大缺口，这使得广东转型的脚步大大放缓。

我由此撰写了《“政府可以引进世界一流的科研团队，却引进不了数以千万计的产业工人”》等领导参阅稿件。稿件获得时任省委书记汪洋的关注，汪洋将稿件中有价值的观点圈出来，并对此稿批示道：“有道理，尤其是第一条意见，值得抓紧探索。”时任省委常委、常务副省长肖志恒也随之对稿件批示，要求“组织研究有关有关政策性意见和改进措施。”

一篇新闻稿件，能有着怎样的力量？稿件所反映的问题，能够反映基层一线的呼声，能够得到政府决策层的关注，能够成为社会前行的力量，这让我深深体会到新闻职业的价值所在。

做记者，值了！

（作者系南方杂志记者）

围观
郭芳
3

“问题青年”故事多

母发荣

拍档郭芳思维敏捷、伶牙俐齿，发起问来，一般人是招架不住的。

这种本领表现在工作中，就是特别能战斗。尤其是面对的公务繁忙、行色匆匆的政府官员，郭芳总能将紧巴巴的采访时间延长、延长、再延长。在单位里有个经典的段子，有次郭芳采访某县委书记，恰逢当时书记刚刚上任，大部分时间都忙于乡镇调研。新闻秘书无奈地摊摊手告诉她：“书记接受采访的时间只有半小时，不清楚的问题我们会准备书面材料。”

拿书面材料充数，这从来不是郭芳的行事风格。当时我们都不在现场，当时的情景已经不得而知。但是结果让我们大跌眼镜，最后采访持续了两三个小时，县委书记依然谈兴正浓。不知道郭芳是如何想法设法做到的，但这样的事情在郭芳身上经常上演，我们也就见怪不怪了。也不知从哪天起，郭芳也就成了我们眼中可爱的“问题青年”。

“问题青年”故事多，不亲历是体会不到的。4 年前我与郭芳一同前往新加坡采访，我算是见证了这个“问题青年”的种种表现。打破砂锅问到底，是郭芳的基本招数。只要给她采访的机会，那问题就是源源不断的，抽刀断问题问题只会更多，除非认真作答。

还记得，那时我们一同采访新加坡人民行动党总部采访刘炳森秘书长。采访始于上午 10 点，结束于下午 3 点，郭芳硬是将中国记者锲而不舍的精神发扬光大到了狮城。刘炳森秘书长一方面比较绅士，另一方面也为此种勤奋敬业的劲头所感动，只是碍于新加坡严苛的财务制度，没法宴请眼前的美女记者，只好饿着肚子详细地回答了所有的问题。

明知故问，是郭芳的绝招。这一招对付自信满满的官员非常好用，当然需要辅以身体语言，眨巴眨巴大眼睛，略带崇拜的微笑。大家都知道，采访政府官员是不容易的。他们私底下，什么话都敢说，其中不乏

> **张蓓蕾**：在热闹与喧嚣中，人有时会忘记当初起跑的方向，忘记理想的模样。在不停步的长途跋涉中，记者是孤独的，也是寂寞的。郭芳对她热爱的事业不离不弃，让坚守变成了信念，在每一个新闻作品里，注入了她特有的坚定、认真、专业、深刻。从一名年轻记者，她已成长为《南方》杂志获得省领导批示最多的专家型记者。

观点犀利、见解独到、妙言连珠的表达。可一面对记者，就绷紧了神经。这个时候从明知故问开始，让对方放松警惕，然后拉近距离，然后就可以听到犀利观点、独到见解，连珠妙语。

比如，郭芳撰写的《财政“省管县”改革不能单兵突进》稿件，把基层的声音送进了中南海，反响很是不错。但是采访却并不是件容易的事情：尽管许多山区官员对财政“省管县”带着期待和担忧的复杂心态，但是并不是所有的山区官员都愿意侃侃而谈。从他们的角色而言，他们并不愿意触碰这个敏感地话题，“毕竟改革到什么程度谁也没有底，稍有不慎就会影响和市里的关系”。

但是这点困难难不倒“问题青年”。郭芳凭着一如既往的韧劲，左冲右突，拿下了三个山区县10多个部门的采访。事实上，郭芳也没有完全不顾山区干部的感受，她将稿件的尺度分寸拿捏得恰到好处。稿件刊登后，

“双转移”新举：向荒山要工业园

一没地、二没钱，这是大多数山区县在承接产业转移时所面临的困境。广宁县引进战略投资者，以愚公移山的精神、以壮士断臂的勇气“向荒山要工业园”，为“双转移”杀出了一条血路

■本刊记者／郭芳 通讯员／林寿智 发自肇庆广宁

山区县普遍面临“土地短缺”

那些接受采访的山区官员也放下了担忧，直呼“此次采访表达出了他们的真实心声”。

步步紧逼，是郭芳的狠招。尤其是向“讲官话、套话”的官员问出个所以然。说句老实话，这一招也是险招，如果分寸把握不当，拿捏不稳，就极有可能让采访陷入僵局。郭芳不怕，自有办法。语言是可亲的，只是语意凶险，埋下伏笔，让问题一步一步达到目的。

事实上，这些招数要发挥最大效用，还需要协同发力。作为《南方》杂志社著名的“问题青年”，郭芳不仅娴熟地驾驭着这些招数，还非常清醒。她知道，招数是末，真诚才是本。要不怎么会在这么多次采访以后，郭芳居然没有收到一次投诉，反倒是某某书记邀请她去当宣传部长。

（作者系南方杂志时政部主任）

江艺平点评

供职于注重高端影响力的党刊编辑部，郭芳有理由感到骄傲，因为她写的报道屡屡直达上听。然而，做一个接地气的记者，更让她引以为荣。记者，不是御用的文字匠，而是独立的思考者。沟通底层和高层，太需要直面真实的瞭望者。

专业

ZHUANYE

钱昊平

个人简介

安徽无为县人，1979年生，2001年毕业于安徽大学新闻专业，2011年10月进入《南方周末》，现为时局版记者。

靠谱比敬业更重要

2012年度记者 入选理由

钱昊平，南方周末时政记者主力。从业多年，他对新闻仍然一如既往地充满热情。2012年，他以超过40篇的发稿量，成为南方周末新闻部最高产的记者。他以对时政报道领域的钻研，和对政策法规、党政人事调整、官场规则等方面信息的积累，实实在在地把时政报道做出了专业的味道。一句话，他是一位真正“懂时政”的记者。

记者感言

1

2011 年 9 月，我到南方周末报到，此时已当了 10 年记者，很自觉地将自己划分到市场化媒体记者队伍中“年龄偏大”的那一类，但在一些同事眼里，已经不是“偏大”的问题，某同事聊天时就突然来了一句：“在周末，记者进进出出流动很大，但像你以这样的高龄来到周末还是很少见的。”

听到“高龄”，心中有一阵慌张，不过我还是笑了，笑不是装出来的，而是真的感到很乐，觉得这个词还有点贴切。

转眼间，一年已过，编辑向我约此稿时，慌张不再，却感到惶恐，因为这一年实在没有一件自己感到满意的作品。但既然答应了，又不能不写，只好勉强凑字交差。

一、他们做做样子我就信以为真

2001 年，从大学新闻系毕业时的时候，我去了北京的一家都市报，当了热线记者。那时都市报刚开始走出地域限制，涉足国内新闻，主要是社会新闻，尤其是突发性的灾难新闻如矿难、火灾、食品中毒是这一类新闻的主角。作为新闻界的初生牛犊，总希望这类新闻发生时，自己能在现场。

但当时我们的总编辑尤其不愿做外地的报道，所以后来有另一家都市报创刊，设有深度报道部可以放眼全国的时候，几乎没有犹豫，我去了，理由很简单，就是想着能“干大活”，并到处走走看看，现在想想，那样的选择真的与新闻理想没有太多的关系，就是一个个人爱好。

此后，确实赶上了不少重大新闻现场，什么杨新海、黄勇特大杀人案，什么包头空难，什么河南大平矿难，回想一下这些都已经很遥远了。

也就是那个时期代，新闻江湖剧变，一个很明显的例子是，刚毕业那几年，在深度报道方面还是《南方周末》一统天下，所以有什么重大新闻或舆论监督报道时，同行聊天时经常会说的一句就是“《南方周末》那一期报道的什么什么如何如何。”

但时代已然不同，各地的都市报开始派记者报道国内的新闻，一些周刊、杂志也相继创刊，到了 2005 年前后，发生一起重大新闻时，已经很难想起来一则重大新闻是谁先报道的。但如果哪个媒体肯下功夫，在重大事件中能有独家的视角和内容，还是有人能记住。

这个过程中，时政类的深度报道越来越多，开始有一席之地，我也开始尝试时政报道。

一开始，对做时政报道的兴趣点往往在于“这个事挺有意思，这是个创新”，局限于一些地方创新类的报道，但在中国的现实是，什么样的创新都是靠领导重视，经常是领导一调动便“人走政息”，也有人说“下改上不改必然死路一条。”

所以，经常在我们还在论证一个做法的进步意义时，做法已死。于是，经常能听到同事说“时政报道很虚，没什么值得做”，但我一直找不到一句最精炼的话来解释为什么要做时政报道。

直到有一天，听见我的一位曾经的领导说过一句话，对时政报道就是要“他们做做样子，我就信以为真。”我觉得这话正是我想说的，做时政报道不是为了像党报那样为表扬他们，而是借你的创新来表达我们的观点。

直到有一天，听见我的一位曾经的领导说过一句话，对时政报道就是要“他们做做样子，我就信以为真。”我觉得这话正是我想说的，做时政报道不是为了像党报那样为表扬他们，而是借你的创新来表达我们的观点：为什么要创新，不创新会怎么样？当然这不是时政报道的全部。

二、靠谱比敬业更重要

2011 年 4 月，《南方周末》时局版缺人手，我那时也在原单位呆得久了，有点腻烦，想挪窝，于是就换工作了。

原来的工作比较杂，什么人物稿、对话稿、调查报道、突发事件，遇到什么题材就做什么。现在终于可以一门心思地就做时政报道，我以为从此可以成为一个专业化的记者了。

但是通过 2012 年一年的工作，我发现并不是那回事，我现在对自己定位是“南方周末的一个相对固定做时政报道的记者”，而不会说自己是个“时政记者”，这是因为我既没有那么多的官场资源，也没有足够深的时政涵养，因此只是报社内给时政版写稿的记者，而算不上一个合格的“时政记者”。

过去一年，多写了几篇稿件，那是赶上了不写也得写的任务。就做新闻而言，恐怕没有人会否认，2012年是个名副其实的“时政年”，这一年是全国人大和全国政协的最后一次会议，重庆官场纷争，地方换届全部完成，中央换届也尘埃落定。2012年中国值得一读的事情实在太多。

年初的全国“两会”是个开始，每到两会，环北京的周边地区表现得比北京还紧张，交通、电力、通讯、卫生等部门也以前所未有的“高度责任感”来保障“两会”，必然投入大量的人力、物力，一直以来，对“两会”的费用支出有关部门一直三缄其口，当无法计算两会的费用时，我们换角度写了篇《两会保障，多少部门在服务？》，有心的读者读完自会明白我们的用意所在。

“在这里，读懂中国”是《南方周末》的口号，但现状是，我们正变得越来越难在自己的报纸上读懂中国，不止是我们，同道中人又有几个能幸免？

也许，向读者介绍中国的“常识”是个不错的选择，走在北京，到处能看到

代表作品 2

作品名称：两会保障，多少部门在付出

刊载媒体：南方周末

发表时间：2012年3月15日

作品影响：在中国召开“盛会”，花费几许？投入几多？每年的全国“两会”可谓最典型的观察样本，也是多年来被社会所关注的话题，但没有人给出过答案。依靠记者的力量显然也不能给出清楚的答案，但换一个角度就可以让读者知道“原来两会有这样！也有那样！”但这么做的“边界”和“底线”在哪里？罗列出事实，让各自去体会。

会里会外

两会保障，多少部门在付出

代表
作品
2

作品名称：党代会怎么开

刊载媒体：南方周末

发表时间：2012年11月1日

作品影响：2012年，中国最大的时政新闻，恐怕应该要算十八大了。五年一次的换届必有很多值得玩味的细节和不为人知的奥妙，甚至它的“真正”的程序本身也是值得关注的，在十八大还没有召开之前，梳理过去历届党代会的程序，总结出一些规律，或许是个办法。

时局

党代会怎么开

作品名称：人大政协：初现干部“中转站”

刊载媒体：南方周末

发表时间：2012年6月7日

作品影响：一直以来，人大和政协被看成是“政治养老院”，被称作是干部的终点站，但最近几年，这种现象似乎出现了改观的苗头，有些人大、政协的副职被提拔到党委和政府的副职，有的政协主席成了行政首长，不论一个干部升迁的真正原因是什么，但从表面看，“终点站”的局面有所改观，有的地方成了“中转站”，这是一个值得关注的现象。

执勤的武警，但到底哪些部门该由武警站岗？中国的干部多，待遇好，层级也不少，但谁能知道中国有多少部级干部？

或许有人觉得无聊，有人觉得没有必要去了解。但当你了解清楚之后，你才会发现这不光只是茶余饭后的谈资，这里有真正的政治，也有最真实的时政新闻。

十多年的新闻从业经验，说短也短，说长也长。曾有人问我如果有100分，我能给自己打多少分，我说勉强能打70分或更低。

在那些我能给予更高分的同行中，我欣赏那些执着、敬业的同行，但我更推崇那些言出行、行必果、不放编辑鸽子的同行。放弃休息时间和节假日奔波在新闻现场的精神可贵，但按时交稿的“靠谱”作风更加重要。

如果问我希望别人给我什么样的评价，“靠谱”二字足矣。

（作者系南方周末记者）

围观
昊平
3

“救火队员”老钱：宁辞职也不能交出线人

吕宗恕

认识老钱多年，他在同事眼中是报社出了名的快刀手，更叫绝的是“刀刀见血”。以平均每月四篇的发稿量，让老钱在入职南周第一个完整工作年份里列居记者前三甲。其实，他还是部门版面上的“救火队员”。

老钱平时工作节奏颇快，通常，完成一篇时局稿从接到选题到采访、成稿，不过五天。一旦遇到特殊情况，编辑一般会安排老钱火速应急，以防版面开天窗，而老钱出手也很少有不顺。因此，他的名字经常出现在时局版上也就不是意外了。

平时话少的老钱，2012 年年末发飙，怒斥自己一篇发在时局版的人物稿被改得“错误不仅低级，而且恶劣”。在不可思议的错误证据面前，老钱痛骂“为了莫须有的‘风险’，去篡改基本的事实，像编剧一样靠想象去改记者的稿子”，实在“不可原谅，不可宽恕”。

两会特别报道
代表委员这五年

责任编辑 李梁 助理编辑 温翠玲 2012.3.1

人大代表如何使用“特别信封”

全国人大代表叶青认为，使用“特别信封”要慎重。对准备反映的情况，要做调研把关工作，不能光听信一面之辞。

□南方周末记者 钱昊平
□南方周末实习生 沈颖 发自北京

全国人大闭会期间，人大代表要反映问题或提供建议，如何快捷地传递到相关部门？

办法之一就是通过会议期间发放的“特别信封”。这个信封的左上角，印有“专件全国人大代表建议”字样，并注明是全国人大常委会办公厅印制。收信人则是“全国人大常委会办公厅”。

“这能保证代表的建议或反映的问题，能直通常委会，进而转交有关部门办理。”三届全国人大代表、齐齐哈尔枫生律师事务所主任纽凤生说，可以避免有些信件“中途被拦截”的情况。

过去几年，每个代表每年拿到的信封数量不一样。截止到2011年12月31日，本届全国人大代表实有人数是2978人。有代表估算，如果按[illegible]

专题询问“破冰”两年 质询何时不再休眠

[illegible]

□南方周末记者 钱昊平 发自北京

“2010年全国的机场建设费才区区146亿，相对国家10万亿元财政收入，这点钱的收取早该取消了！”

“对国内旅客收不收确实没什么，但有部分是外国人缴纳的，收了能增加收入。”

这是全国人大代表、湖北省统计局副局长叶青和财政部一位副部长的对话。对话发生在2011年6月28日，全国人大常委会的一次专题询问中。

开展专题询问，是本届人大的破冰之举。2010年两会，中共中央政治局常委、十一届全国人大常委[illegible]

应询官员级别高

“专题询问”不同于一般的“询问”。

一般询问只注重了解有关情况，具有操作简便易行、不限特定主题、不做事前安排、答复方式灵活多样等特点，被询问单位出席人员级别也相对较低，如果是全国人大询问，国务院机构往往也就是处长、司长级别的官员应询。

全国人大常委会原研究室主任程湘清对南方周末记者说，专题询问是2010年新提出的概念，是有计划、有准备、有重点、有针对性、能够互动、交流的询问。

参加过专题询问的全国人大代表叶青说，他对应询官员回答的态度是满意的，但专题询问的效果有限。一般回答总是短平快的“已经做了”或“认真对待”，具体怎么做，没有下文。

到全国人大考察询问程序和话题。

与全国及省级人大询问的话题都是宏观的不同，地市一级和县级人大常委会的专题询问，一般都围绕政府当前的工作开展，相对具体。如呼伦贝尔在2011年10月28日，专题询问的是该市旅游业的问题，涉及到该市旅游旺季“一票难求”、“一车难求”和价格过高等问题的根源是什么、如何解决，等等。

2011年，杭州市人大常委会就市政府推荐农药残留监管工作首次进行专题询问。石家庄人大常委会对水利改革发展进行了专题询问。广州市人大常委会则具体到一个路段的交通问题——[illegible]

漏洞，应该推广。”2011年6月28日，全国人大常委会审议2010年中央决算报告时，叶青列席了会议，并参加了专题询问。

叶青问审计署审计长刘家义，对中央部门的三公经费是否审计过，刘家义回答：审计过了，但他没有进一步阐述。

叶青说，他对应询官员回答的态度是满意的，但专题询问的效果有限。一般回答总是短平快的“已经做了”或“认真对待”，具体怎么做，没有下文。

“效果有限”的感触，不仅存在于叶青一人身上。2011年，中国人大新闻网刊载署名文章指出，这种监督方式刚性不足，很多地方专题询问会一结束便没了下文，没有进一步的监督手段跟进。文章提出，如问题得不到解决，人大就应启动刚性的特定问题调查、质询等监督手段。

2010年全国人大常委会推出开展专题询问以来，全国人大及其常委会并没有启动过“质询”。原全国人大常委会办公厅研究室主任程湘清认为，质询是一种严厉的监督手段，政府没有严重的事情，一般不会启用。

也有人指出，质询没有启动，是因为启动门槛过高。根据规定，质询案只能在大会期间或常委会会议期间，成为会议议程才能启动，闭会期间不能提起。但大会和常委会的议程，一般都是固定的，增加质询可[illegible]

老钱几次因稿子所谓的尺度、风险问题被改得面目全非而骂娘、捶胸。记得在2012年“十八大”报道期间，老钱费劲心思找到各方党政要员才写出来的一篇有关党代表遴选规则的解释性报道，在见报时不过是一些习以为常的公开信息。

屡屡被“奸”后，伤痕累累的老钱还是选择继续上路。与以往不同，老钱少了激动，多了坚韧。他的部门同事李梁因此几次对他颇有赞誉。

在职业行为中，老钱无疑是一个恪遵操守的记者。一篇涉及干部考察的报道引起上级的不悦，他被要求交出采访对象名单以便核实，老钱决定宁可辞职，也不能交出线人，但没有想到的是，最后还是给线人造成了被动。“我愧对于我的采访对象，我实在没有办法一再突破我的职业操守底线”。那次他在电话中和我聊天时这样说。

在南周之前，我和老钱也是同事，都在新京报深度报道部供职，加盟南周后，老钱说在工作上才有了更好的感觉。

在老钱的职业规划中，他没有太多高远的目标，他乐于记者工作。哪怕一线采访艰辛，近十年来，他还是一路走来。

工作之余，老钱喜欢“炸金花”，据言，几次主动约战的同事最后进贡给他的流水进账都近乎一篇稿子的“含金量”。难怪有同事开玩笑，老钱的名字中带“钱”，要输都难。

B12 2012.6.7 时局

人大政协：初现干部“中转站”

□南方周末记者 钱昊平
南方周末实习生 蒙晨 发自北京

北京大学一位研究政党制度的学者说，不排除一些干部年纪轻轻就去人大、政协，是为了解决级别问题。但他们在人大、政协岗位上努力工作，会给人大、政协带去新气象。

政协主席任职新模式

政协主席的“出路”开阔

“铁打的兵”该怎么动？

当然，天生“粗人”面相的老钱还有更多心细的时候。

得知一位同事不慎摔伤住院后，他几次跑到病房探望，还特别提出等同事出院时他自己一定要开着新买的 SUV 来接。老钱还对那位正在康复治疗的同事说，你在医院安心养伤，家里有事尽管开口让我去办。之后，他还经常去电问候。

这，就是我眼中的老钱。

（作者系南方周末记者）

江艺平点评

南方周末一年刊出52期，钱昊平平均每月发四篇稿。高产，却并非他入选年度记者的主要原因。在最敏感、最不具专业性、最容易被撤稿的时政领域，他把时政新闻做活了，做出了专业的味道。他的努力，使“读懂中国”有了更多样化的读法。

引领

YINLING

曾航

毕业于南京大学新闻系，2008 毕业后加入 21 世纪经济报道，一直干到现在。

主要负责 IT 产业的报道，喜欢钻研移动互联网产业。

2011 年到美国、日本、韩国、台湾等地实地走访苹果的整条产业链，出版《一只 iPhone 的全球之旅》一书，该书随后在台湾出版繁体版，并一度登上畅销榜冠军。

数码产品控，微博控，微信控。

座右铭：衡量一个财经记者的价值，就是看你有没有用文章帮读者赚到钱。

个人简介

一位 IT 记者的 2012：微博攻，微信守

入选理由

从记者到行业专家，从观点记录者到价值输出者，从移动互联网的观察者到投身新媒体实践的探路者，85 后的曾航惊艳一跃。

记者
感言
1

“打开微博，看到一帮公知在忧国忧民，感觉世界好黑暗。打开微信，看到一群朋友在吃喝玩乐，感觉世界好阳光”。某天，和一帮朋友一起吃饭，席间某君如此总结道，全场大笑。

2012年，传统媒体的采编运作模式受到剧烈冲击。移动互联网和自媒体的兴起，成为冲击传统媒体运作模式的最后两根稻草。

我所报道的IT领域，感受到的这种冲击尤其明显。我所打交道的采访对象，绝大多数是微博和微信的重度使用者，如何利用这两种社交工具革新自己的作业方式，是我在2012年做得最多的探索。

报社开会，同事常常让我来分享如何使用社交工具改进自己的工作。但实际上，所有的经验可以被概况成两句话："微博攻，微信守"。

用微博来认识新朋友，这叫“微博攻”，用微信维系老朋友，这叫“微信守”。一个微博都写不好的记者，不是好记者。一个用不好微信的记者，早晚要被时代淘汰。

一个微博都写不好的记者，不是好记者

第一次玩微博时是在2009年底。(我的新浪微博账号是@曾航)。后来连我老爸也关注了我的微博，如果我的微博一天不更新，我老爸就会打电话过来，“儿子，你今天微博怎么没更新呢？是不是出什么事了？”

刚开始写微博时，我总是忍不住骂这个产品几句，“为什么只限制我写140个字？”每次写微博，我的字数都要超，总觉得字数太短不过瘾。

但实际上，仅用这140字把一件事情表达清楚非常锻炼人的思维，能用140字把事情说清楚，这是本事，是技巧。慢慢的，我开始爱上了这种短篇写作方式。

我的微博粉丝猛增是在我的书《一只iPhone的全球之旅》出版前后，那段时间，雷军、蔡文胜等名人在微博上推荐了这本书，此后，业内许多人知道了我的微博，此后粉丝逐步攀升到现在的3万多人。

如果说如何加强微博内容，其实并没有太多技巧。

一个行业记者，很重要的作用是成为你所在行业人士的“耳目”。

你不是CEO，工作很忙对吗？没有时间参加各种会议对吗？OK，我帮你参加。每次我去参加某论坛，总是会用微博把会上听到的最核心的东西发出来。

这个时候，经常收到一些加我微博的企业高层的留言，“今天会上讲了什么东西？能否说给我听听？”我会向他们预告，随后我们报纸会跟进报道，欢迎关注。

而对于一个IT行业的记者来说，微博的内容还必须做到专业。我的微博50%以上的内容都是原创的，大部分是移动互联网行业的一手资讯，行业的信息都是我的微博上第一手爆出来的。此后，甚至有不少网站把我的微博列入重点监测名单，每天在我这里找新闻。

这条微博马上在网上获得几百条的转发，许多了解该行业的人士纷纷出来“指手画脚”。我在微博上耐心地看完他们每一条评论，很快有了意外的收获。要是没有这条微博，我原来的角度写出去，则那篇文章会有许多漏洞。

微博约50个人出来吃饭

有一段时间，我突然心血来潮，想漫无目的地约一批微博上认识的朋友出来吃饭，一起聊聊他们所在行业的八卦。于是列了个50人名单，名为“最近想一起吃饭的50个人”。

这项计划的开展过程大致是：今天下午我在上海人民广场办事情，下午没事，就把人民广场附近的几个微博上认识的朋友叫出来，一起聊聊；明天路过陆家嘴，便和那里一个微博上认识的朋友一起吃晚饭……

这项活动发起以来，各种行业八卦、新闻线索滚滚而来，手上的选题一度多到写不完。

我会将和这些朋友吃饭时的收获整理出来，写到微博上，并形成一个系列。我不断在微博上收到私信，各种没有见过面的新朋友要求和我一起吃饭，常常一顿饭局要提前一周预订。

还有一次，我用微博不是那么“正面”地约人出来吃饭，整个过程堪称戏剧。

2012年的某天，上海某知名互联网公司被爆出负面新闻，我在第一时间冲到该公司的上海总部，我要求前台帮我联系该公司的公关负责人，出面与我接触。

前台打了个电话后，似乎心领神会，就告诉我说，该公关负责人正在出差，今天无法见我。依据我多年的记者经验，我立马判断出他们在说谎。

于是我就一不做二不休，坐在该公司门口的沙发上，开始拍照、发微博直播在该公司看到的一切，并加上自己的评论。

很快，此事在网上得到关注。几个小时后，我就接到了该公司的电话，说他们副总愿意晚上和我一起吃个饭，聊聊网上曝出的新闻。

晚上，我就在餐馆里见到了之前一直想见而见不到的该公司高管。席间，对方掏出一个信封想偷偷塞入我的包里，被我当场回绝，当然，这是后话。

高手在民间

如果把一篇报纸稿件看作成品的话，微博则可以经常抛出一些“半成品”新闻来，这叫“抛砖引玉”。

某次，我准备报道某即将上市的公司，但该领域比较特殊，我手上掌握

代表作品 2

作品名称：3Q 再起纷争 腾讯 360 争夺刷机精灵幕后

刊载媒体：21 世纪经济报道

发表时间：2012 年 8 月 29 日

作品影响：这篇文章独家披露了腾讯和 360 两大冤家戏剧性地争夺同一家创业公司的一幕。腾讯和 360 甚至在一段时间内同时成为一家创业公司的股东，这在互联网界非常罕见。文章发表后在业内引起了轰动。

这篇文章采访的背后，是记者长期以来应用微博、微信积累起来的行业资源的集中展现。

IT

3Q再起纷争 腾讯360争夺刷机精灵幕后

“愤怒的小鸟”入驻电视

的素材还不多。于是，我把自己对该公司的研究整理了一条长微博发出来。

这条微博马上在网上获得几百条的转发，许多了解该行业的人士纷纷出来“指手画脚”。我在微博上耐心地看完他们每一条评论，很快有了意外的收获。要是没有这条微博，我原来的角度写出去，则那篇文章会有许多漏洞。

最终我吸取了大家的意见写完那篇报纸上的稿件，尽管是批评该公司，但是仍然获得该公司内部的高度评价，认为文章写得非常专业，我甚至被邀请到该公司内部去为他们的产品经理进行培训。实际上，没有微博上这么多专业人士提供的见解，这篇文章绝对没有这样的效果。

此后，我喜欢上了这种写作方式——在成稿之前，分几次将自己的疑惑在微博上抛出来，大批粉丝会七嘴八舌在微博上提供各种有益的线索。

此前，我们报纸的记者往往根本不知道自己的读者是谁，他如何看待你写的文章，你写的文章是不是市场所需求的。现在有了微博，你可以直接找到你的读者。

我喜欢在第二天文章发出来后上微博看看大家的评论。很多时候，你会看到有人赞这篇文章，也有人骂这篇文章，有人会说“这个记者不懂，瞎写……”

我会经常在微博上回复那些骂我的读者，虚心地接受批评。但更多的时候，我是从这些评论中寻找新的新闻线索。往往我们一篇报道没有把一件事情写透，这些读者的评论提供了大量新的线索，可以跟进报道。

高手在民间。

微信维系采访对象

2011 年底的时候，我数了一下，自己一年差不多要换 1000 多张名片，其中 80% 以上的人都是换过名片后就再也不联系了。

我开始反思，如何和这些采访对象保持长期、紧密的关系呢？没事打个电话过去，别人都很忙，感觉很奇怪；没事发个短信过去，又有骚扰的嫌疑……

微信的出现，让这个问题很快解决。微信天生就是很好的熟人关系维护工具。

每次参加论坛、会议，一场下来总能换个几十张名片。我会当场就用智能手机上的软件把对方的名片扫描进手机，这时候微信就会自动告诉我，某某也在微信里面，我立马要求对方互相关注，“你好，我就是刚才在会场和你见面的XX，很高兴认识你……”

在其他人换完名片就完事的时候，我突然在几分钟之后就加了对方微信，对方对我的印象通常会比其他人要深刻一些。

我心里在嘀咕着“好啊，只要你加了我的微信，就让你跑不掉……”原本，我们认识一个采访对象，换完名片，打完一次交道，下次再打交道还不知道在什么时候，几年下来，身为某公司CEO的对方，说不定已经不再记得你这个小记者。

他确实跑不掉了。微信是个私密的社交圈，大部分人把自己每天吃喝玩乐的行踪都发在这上面，这样大家很快熟了起来。

通过微信，我开始知道，原来某某也是羽毛球爱好者，那周末大家一起打羽毛球吧；我开始知道，原来某某居然跟我住一个小区，那么有空到我家来坐坐吧……

微信还极大的改变了我的工作方式。

记者做久了，总是有A跑过来，说能否介绍B给他认识一下。以前碰到这种情况，我总是拖，拖着拖着事情就忘掉了。

现在有了微信，我会马上在微信上建一个微信群，由我、A、B三个人组成的群，在里面告知B，说我有个叫做A的朋友，想认识下你。这样做效率非常高。

我慢慢开始爱上用微信采访。有一次，我打电话给某采访对象，他说自己正在开车，不如大家微信语音聊吧。于是，他在每个等红灯间隙抽空用微信给我发送一段语音。

嘿，这种采访方式原来还真是没见过，我不用再很痛苦地重听电话录音了，微信自动将语音分好段，想听哪一段听哪段。

“一千铁杆粉丝”

让微信的用法更上一个台阶的，是随后微信推出的公众平台。这等于说，每个人都可以办一份手机报，用微信每天推送给别人。

一开始是出于研究微信产品的好奇心驱使，我办了一份叫做“移动观察”的微信手机报（微信公众账号mobileweb）。

此前，我一直有一个习惯，每天晚上回到家，把白天在外面和朋友们聊天中获取的有价值的内容记录下来，免得之后忘记。

后来我索性想，为什么不办一份个人的手机报，把这些信息每天推送给大家？就这样，在2012年底，我办的微信手机报“移动观察”正式推出。

一开始，我一对一地邀请身边的朋友，关注这个账号。没想到，这份手机报的效果出奇的好。由于里面经常分析移动互联网行业的一手“干货”，我周围的许多朋友都把这个账号当做他们获取信息的重要渠道。

一些朋友告诉我，他们每天早上起床第一件事情，就是打开微信看我这个账号。有时候我一天不推送消息，就不停有人来打听，“怎么今天还不推送呢？”

我用微信推送的这些文章有一个特点，那就是和粉丝之间的互动性极高。由于这个账号的粉丝大都是我认识的朋友，一篇文章推送出去之后，会立马收到许多人的反馈，他们纷纷给我提供更多的线索。例如，有人会指出，我被采访对象忽悠了，他愿意提供证据证明我的采访对象的数据有造假。

这种微信手机报的形式，大大加强了我和采访对象之间的关系，而这种每天写日记的方式，也加深了自己对行业的思考。

作为一个产业记者，如果你不和你所在行业的人天天泡在一起，玩在一起，你绝对不可能深入了解一个产业。我在微信上同时加入了十几个微信群，有讨论吃喝玩乐的，有讨论做手机的，有讨论做游戏的，有讨论投资的……

有一段时间，我下定决心戒掉微博和微信，一个星期没有上微博，突然发现饭也吃的香了，觉也睡得香了。

但很快，我又被迫重拾了它们，现在，我真的离不开它们。

（作者系21世纪经济报道记者）

围观
曾航
3

草根的逆袭

卢爱芳

我每每出去与业界交流，但凡美女必问及我们部门的两个帅锅记者，一个是北京站的大帅哥刘方远，另一个便是上海站的曾航。曾有一女形容曾航为“长睫毛的小王子”，言语眼神满是恋慕，只叹86年的曾航早早成家立业。

面如满月，唇红齿白，貌似潘安；写就畅销财经书《一只iPhone的全球之旅》，在两岸三地IT圈内声名远扬；如今是业界各种沙龙的座上宾，与雷军、蔡文胜等众多重量级名人、大号互为粉丝（通常你粉人家，人家不粉你），曾航实在是记者圈中的高富帅。

但我为何仍用草根逆袭来形容曾航入选南方报业2012年度记者?

首先，年度记者这样的殊荣向来是政经、财经、金融这些版块记者的专利。与它们相比，IT版不过是草根，这个行业发生的事情多大，从重要性上来讲，终是抵不过时政、金融的一条政策变化。在21世纪每个月、每个季度的好稿评选中，除非碰上什么中移动腐败、华为安全门这样的重量级题材，否则无论IT的调查报道做得多好，在业内影响力多大，终是难以入选。

入选南方报业集团的年度记者，曾航是21世纪经济报道IT版头一个，我想，就算在整个集团，IT记者当选年度记者的恐怕也是凤毛麟角。这是IT记者、行业记者在传统的新闻价值判断体系下的一次逆袭。

其次，众所周知，IT产业的中心在北京，而上海无论从哪方面来看都不及北京有优势。这里不是靠近大公司、大事件的发生地，也无法经常见到那些巨头公司的CEO，但曾航却对从产品和市场一线有很敏锐的感知，并且能由表及里，发现一些大新闻。比如他能从产品的深度体验中发现产业的重要变化，《Android变脸　谁是幕后的魔法师？》、《Android商店：不能承受之乱》这些报道便是来自他对产品的研究并且追根溯源的调查。比如，他去深圳出差，在华强北转了一圈，便写就了《华强北关店潮》、《互

@**辛苑薇**：这是非常阳光、正能量的记者，旁人常从他灿烂的笑容中就能感受到“单纯的快乐”。我想，这或许就是他能在短短几年内获得不菲成绩的“智慧”源泉。因为热爱，他善于思考；因为勤奋，他笔耕不缀；因为豁达，他广交朋友；因为快乐，他不断形成“正向循环”。非常难得的记者。未来，他一定坚实地走向更远。

联网盒子的秘密：技术与监管的竞赛》、《地推卷土重来》。

与那些空洞的大公司报道、或者靠堆砌 CEO 观点的所谓趋势报道，曾航来自市场一线的调查报道更能还原市场的真实状态，更鲜活，更接地气。而凭借长期与业界人士的深度交流所积累的产业观察能力，曾航在报道中经常直指问题核心、并且能形成自己独立的观点，那些观点不是对当事人、权威专家采访后的总结归纳，而是他自己独立的价值判断。这种独立判断的能力在他其后来开设的微信公共帐号“移动观察”中得到了充分的展现。

不仅以记者的身份去记录产业的发展，而且作为一个观察家去分析甚至做出预判，曾航凭此获得了与业界平等对话的权力。他活跃于圈中，深入于各个群体，与业内的创业公司、大公司高管、投资人都保持着紧密深入的交流，因此他发现的新闻、发起的话题很能引起业界的共鸣，不但同行都争相跟进，业内人士也都参与讨论和思考，成为一段时间的热点话题。从记录者到专家，从向所谓专家索求观点到自己做出独立判断并且获得业界认同，曾航又来了一次逆袭。

移动互联网席卷全球，各类新媒体层出不穷，对传统媒体带来强烈的冲击和挑战，这些也是 21 世纪经济报道 IT 版关注和报道的重点之一。而难能可贵的是，曾航并未止步于做旁观者，而是勇敢地投身实践。在出版《一只 iPhone 的全球之旅》后，曾航开始利用微博做营销推广，与读者互动。他很善于利用微博发掘资源、输出观点、与业界互动，其微博粉丝已有 3 万多。他还把一些利用微博挖掘新闻线索、寻找采访对象以及招实习生的做法推广给同事。

如果说曾航利用微博上打造了其个人品牌，而在微信上，他开始研究和推出自己的产品——“移动观察”，一个对移动互联网产业进行深入研究和观察的公共帐号。他在“移动观察”中分享他的发现、思考，挑起一些话题的争论，也把自己和其它同事在报纸上刊登出来的精彩报道通过微信进行二次传播，经营得像模像样，现在已经有 1000 多粉丝，数字听起来不大，可这些人都是在业界实实在在有影响力的人。以传统媒体记者身份探索新媒体，这是曾航的第三个逆袭。

我在 21 世纪经济报道 IT 版工作 12 年，这 12 年中同事们一波一波地跳槽转型，有人投身创业，有人转型做公关，飞黄腾达者不少。这些都让留下来的人心生羡慕，甚至很多人认为只要离开 21、离开记者这个行业就前途无量。

记者的成长空间在哪里？如果升不上管理层是否就意味着要么甘于做码字工人，要么离开这个行业去其他地方寻求更高的价值？这些问题一直在困扰传统媒体的记者编辑们，一度也包括我自己，而曾航的成长或许对大家有所启发。

（作者系 21 世纪经济报道 IT 版主任）

江艺平点评

做IT记者，坠入附庸易，引领风向难。曾航知难而行——在移动互联时代，他是最早掌握并自觉运用自媒体的弄潮儿。得其神髓，故而能出神入化；精诚所至，故而能金石为开。他拿到了和业界平等对话的入场券，也把握住了传统媒体的话语权。